KOOPERATIONSPARTNER

www.la-va.com

www.la-vide.com

www.kulinarischekompetenz.de

www.bosfood.de

www.spiceworld.at

SOUS-VIDE-KOCHSCHULEN

Die Spitzenköche Micky Durach und Stefan Krebs bieten regelmäßig Sous-vide-Kochkurse an.

DIE KOCHWERKSTATT
im Restaurant VINUM
Hotel Kleber Post
Poststr. 1
88348 Bad Saulgau
07581-5010
hotel@kleber-post.de

Märchenhotel
Kallenfelsstrasse 25-27
54470 Bernkastel-Kues
Tel. 06531/96550
Fax 06531/1432
info@maerchenhotel.com
www.maerchenhotel.com

IMRESSUM

1. Auflage 2015
ISBN 978-3-7888-1587-5

Verlag J. Neumann-Neudamm AG
Schwalbenweg 1
34212 Melsungen
Tel. 05661.9262-26
Fax 05661.9262-19
info@neumann-neudamm.de
www.neumann-neudamm.de

Printed in Slovenia
Titel: J. Neumann-Neudamm AG
Satz & Layout: J. Neumann-Neudamm AG
Herstellung: Gorenjski tisk, Kranj

CLAUDIA DIEWALD

SOUS-VIDE

NEUMANN-NEUDAMM

INHALT

WAS IST SOUS-VIDE?

Als Sous-vide bezeichnet man eine Form des Niedrigtemperaturgarens im Wasserbad. Eine Besonderheit dabei ist, dass die Lebensmittel in Plastikbeuteln vakuumiert werden [französisch: sous vide = unter Vakuum] und somit während des Garprozesses nur mit den beigefügten Aromen und nicht mit Wasser, Fett oder Luft in Berührung kommen. Die Lebensmittel behalten so ihre ureigenen Aromen und, was noch viel wichtiger ist, ihre Nährstoffe und Vitamine. Durch das Garen bei exakt kontrollierter Temperatur im Wasserbad wird ein höherer Wärmeaustausch erreicht, wodurch die Lebensmittel gleichmäßiger garen und eine Textur erhalten, die durch keine andere Garmethode zu erreichen ist.

DIE GESCHICHTE DES SOUS-VIDE-GARENS

Neu ist diese Garmethode nicht, aber mit ca. 50 Jahren dennoch eine der jüngsten, die - bisher vornehmlich in der gehobenen Gastronomie - Einzug in die Küchen gehalten hat. Wie so viele „Erfindungen" wurde auch das Sous-vide-Verfahren mehr oder weniger durch Zufall entdeckt. Ursprünglich war man auf der Suche nach einer Möglichkeit, vorgekochte Gerichte portionsweise, aber in größeren Mengen haltbar zu machen. In den 60er Jahren arbeiteten die Schweden ein System aus, fertig gegarte Speisen in Plastikbeuteln zu vakuumieren, danach in Wasser mit einer Temperatur von mindestens 80°C durch mehrminütiges Erhitzen zu pasteurisieren und anschließend sofort tiefzukühlen. Mit dieser Methode gelang es, in einer einzigen Großküche den Bedarf an Mahlzeiten aller Krankenhäuser der Stadt Stockholm pro-

blemlos „vorzukochen". In den Krankenhauskantinen wurden die Mahlzeiten dann nur noch erhitzt. Neben der Optimierung der Arbeitsabläufe und der Möglichkeit, günstige Rohwarenangebote besser zu nutzen, war es auch gelungen, die Güte der Mahlzeiten gegenüber dem üblichen Kantinenessen deutlich zu verbessern.

Um die Qualität noch mehr zu steigern, zogen die Amerikaner nach und entwickelten im gleichen Jahrzehnt das Anderson-Greenville-Spartanburg-System, bei dem die Lebensmittel roh vakuumiert und dann im Wasserbad gegart wurden. Mit diesem AGS-System war die Basis für das Sous-vide-Garen gegeben und die kulinarische Entdeckung fand ihren Weg aus den Großküchen sozialer Einrichtungen in die Restaurants.

Dass das Sous-vide-Garen nicht sofort zum Trend wurde, lag häufig an den Vorschriften der Gesundheitsbehörden, die teilweise eine längere Lagerung der gegarten oder gefrorenen Lebensmittel verboten und die Lebensmittelsicherheit infrage stellten. Außerdem waren erhebliche Investitionen für die passenden Geräte erforderlich, die seinerzeit eigentlich nur in der Labortechnik eingesetzt wurden.

Dank einiger rastloser Spitzenköche des späten 20. Jahrhunderts, die sich immer weiter mit dem Thema beschäftigten und forschten, experimentierten und perfektionierten, blieb das Interesse zumindest im gastronomischen Bereich bestehen.

Dass wir heute die Möglichkeit haben, diese einzigartige Garmethode in der heimischen Küche anzuwenden, verdanken wir in erster Linie den Publikationen von Spitzenköchen wie Heiko Antoniewicz und Viktor Stampfer, die es geschafft haben, die jeweils optimale Kerntemperatur für verschiedene Lebensmittel zu ermitteln, aber auch den Herstellern der Vakuumierer und Thermalisierer, die mittlerweile Geräte in Profiqualität zu erschwinglichen Preisen anbieten. Für dieses Buch wurden Vakuumierer mit Zubehör von Lava und Sous-vide-Geräte mit Zubehör von Lavide verwendet, hier stimmt das Preis-Leistungsverhältnis für private Haushalte.

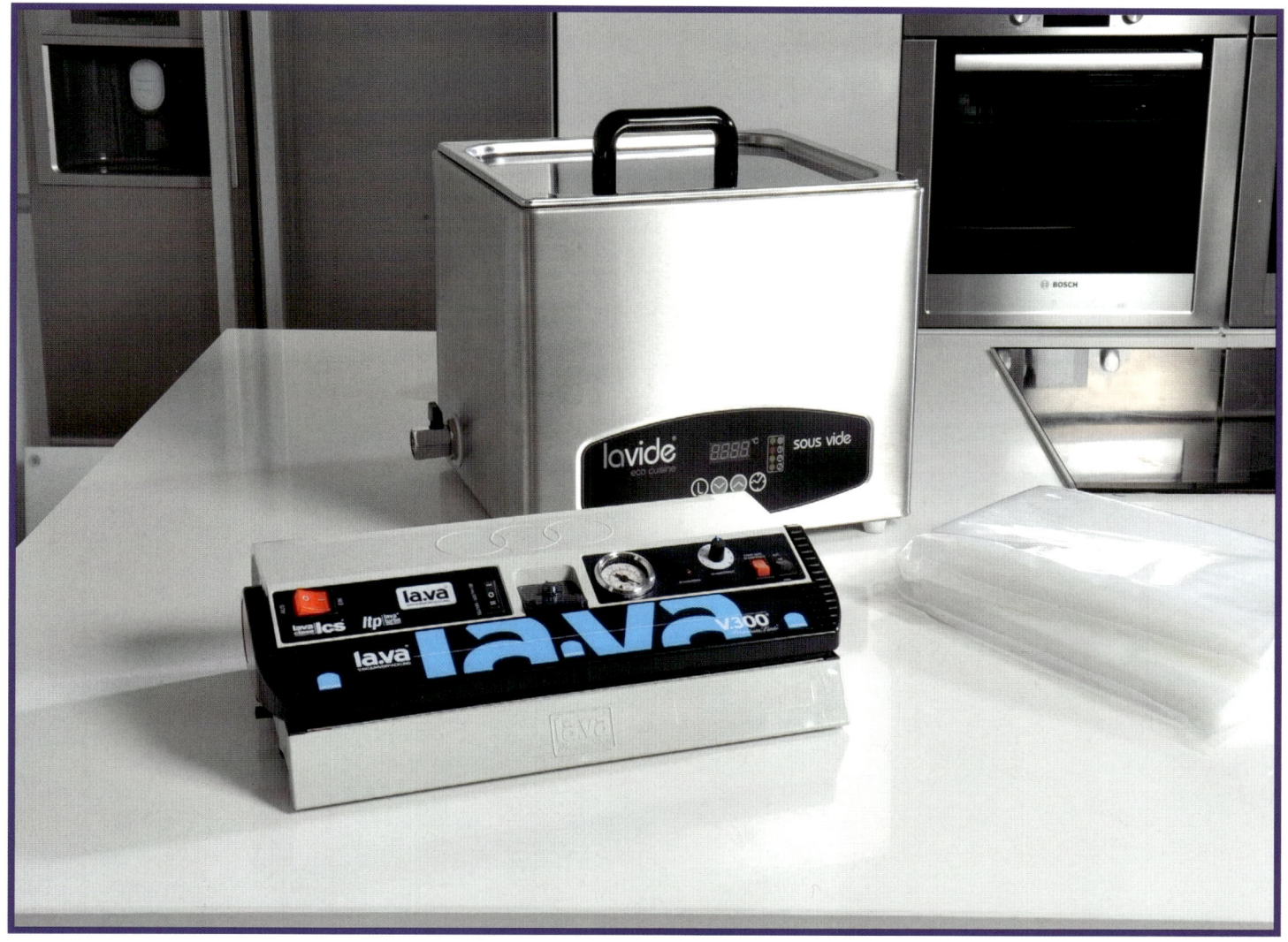

DAS VAKUUM

Als Vakuum bezeichnet man umgangssprachlich einen luftleeren Raum. Jeder Physiker wird an dieser Stelle zu Recht bemerken, dass das, wovon wir sprechen, gar kein echtes Vakuum ist, denn der Raum in unserem Vakuumierbeutel ist nicht frei von jeglicher Materie, die Bedingung für ein echtes Vakuum. Da ein vollkommenes Vakuum technisch aber gar nicht zu erzeugen ist, wird auch ein fast luftleerer Raum als Vakuum bezeichnet.

Das Vakuum spielt jedoch beim Sous-vide-Garen eine zweitrangige Rolle, wichtig ist zum einen der luftdichte Abschluss, damit das Gargut im Beutel nicht mit Wasser oder Luft von außen in Berührung kommen kann, und zum anderen muss das Gargut fest und blasenfrei von dem Beutel umschlossen sein, um einen gleichmäßigen Wärmeaustausch zu gewährleisten.

Im Zusammenhang mit der Zubereitung von Speisen bietet ein Vakuumiergerät aber weitere wichtige Optionen, wie z. B. das Marinieren, das unter Vakuum nur ein Viertel der üblichen Zeit benötigt. Die Herstellung von Fonds ist viel einfacher und nicht so zeitintensiv wie bei der herkömmlichen Zubereitungsweise. Außerdem sind vakuumierte Lebensmittel, ob roh oder gegart, 3-5 Mal länger haltbar. Grund dafür ist die Verlangsamung der Einwirkung von Mikroorganismen, durch die die Lebensmittel an der Luft verderben. Fleisch, Fisch, Obst und Gemüse können sich unter Luftabschluss nicht verfärben oder austrocknen. Bei der Aufbewahrung im Kühlschrank verbreiten sich keinerlei Gerüche.

Zu beachten ist, dass die Lebensmittel nicht in heißem Zustand vakuumiert werden dürfen, da

sie sonst blitzartig zu kochen beginnen, denn bei fallendem Luftdruck sinkt auch der Siedepunkt. Dieses Phänomen ist aus der Natur bekannt, wo mit zunehmender Höhe der Luftdruck abfällt. Auf Meereshöhe kocht Wasser bei exakt 100°C. Die Faustregel lautet 1°C weniger pro 300m über dem Meeresspiegel. Auf einem Berg mit 3000m Höhe kocht das Wasser also bereits bei 90°C und wird auch nicht heißer. Genauso ist die Wirkung unter Vakuum, je mehr Luft dem Vakuumbeutel entzogen wird, desto niedriger der Druck und desto geringer der Siedepunkt.

DIE AROMA-REVOLUTION

Der Eigengeschmack von Nahrungsmitteln ist vielen Genießern oft gar nicht richtig bekannt. Hübsch serviert, erkennt man meist schon am Duft, dass sich unter der Dill-Senf-Sauce Fisch verbergen muss, eine kräftige dunkle Sauce deutet auf Fleisch hin und wo Hollandaise in der Luft liegt, kann Spargel nicht weit sein. Wie Fleisch, Fisch und Gemüse ihren eigenen Geschmack optimal entfalten und natürlich schmecken können, erfährt man nur beim Sous-vide-Verfahren: Es wird kein Bratfett gebraucht, Sauerstoff kann die Oberfläche nicht verändern und kein Kochwasser laugt die Nahrungsmittel aus.

Um Lebensmittel zu garen, werden sie hohen Temperaturen ausgesetzt. Das geschieht in der Regel im Kochtopf, in der Pfanne, im Backofen oder auf dem Grill. Bewirkt wird damit bei Fleisch und Fisch, dass das Eiweiß aufgeschlossen wird und zähes Kollagen sich in zarte Gelatine umwandelt. Bei Gemüse spalten sich die Kohlenhydrate auf. Durch diese Veränderungen werden die Lebensmittel leichter verdaulich. Es ist also eine bestimmte Gradzahl erforderlich, um diesen Prozess in Gang zu setzen und das bis ins Innerste des Garguts. Aber ob gekocht, gebraten oder gegrillt, die Hitzeeinwirkung von außen ist unvermeidlich um ein vielfaches höher als die angestrebte Kerntemperatur. Beim Gemüse verursacht dies die Zerstörung des Zellgerüstes. Es zerfällt und seine wertvollen Inhaltsstoffe, und meist auch die schöne Farbe, bleiben im Kochwasser. Bei Fleisch und Fisch ziehen sich bei zu hohen Temperaturen die Muskelfasern zusammen – es wird hart und trocken. Es gehört ein gutes Timing dazu, Fleisch und Fisch nicht zu übergaren, denn der Garprozess wird nicht abrupt unterbrochen, sobald man z.B. einen Braten aus dem Topf nimmt. Durch die eigene Wärmeleitung gart das Fleisch nach.

Anders beim Sous-vide-.Verfahren: Das Wasserbad, in dem die Speisen gegart werden, wird exakt auf die gewünschte Kerntemperatur gebracht. Durch die bessere und gleichmäßigere Übertragung der Temperatur durch das Wasser auf die Lebensmittel garen diese optimal.

Den Unterschied verdeutlicht sehr gut ein Steak mit einer Kerntemperatur von 52°C. In der Pfanne gebraten oder im Backofen zubereitet, wird immer nur der Kern saftig rosa bleiben, während das Fleisch außen fast grau und von der Konsistenz viel härter ist.

Wem der Sonntagsbraten oder das Rindersteak nie so richtig gelingen will, für den ist Sous-vide ein Segen. Auch auf die beliebten Röstaromen durch die Maillard-Reaktion beim Fleisch muss man nicht verzichten, wenn man es vor oder nach dem Garen ganz kurz, aber sehr kräftig anbrät.

Links normal zubereitet.
Rechts im Sous-vide-Verfahren.

Für Gerichte, die zum sofortigen Verzehr vorgesehen sind, ist ein Vakuum nicht unbedingt erforderlich, es genügt, die Lebensmittel möglichst luftdicht zu verpacken, bevor sie ins Wasserbad kommen. Eine Möglichkeit ist, das Gargut mit Frischhaltefolie fest zu umwickeln. Dichte Gleit- oder Druckverschlussbeutel tun ebenso ihren Dienst, wobei darauf geachtet werden muss, dass die Beutel so luftdicht wie möglich verschlossen werden. Sonst treibt der Beutel auf dem Wasser und die Wärmeleitung ist nicht gleichmäßig. Außerdem muss gewährleistet sein, dass der Beutel der gewählten Wassertemperatur standhält. Bratschläuche sind hitzebeständiger und können ebenfalls verwendet werden, allerdings lassen sie sich nur schwer luftdicht verschließen. Am einfachsten und sichersten ist tatsächlich die Vakuumierung. Sie sollte deshalb vorgezogen und alle anderen Varianten eher als Notlösung betrachtet werden.

GESUND, SCHLANK UND FIT!

Die schonende Zubereitung der Lebensmittel beim Sous-vide-Verfahren garantiert den größtmöglichen Erhalt an wertvollen

Nährstoffen und Vitaminen, mehr als bei jeder anderen Garmethode. Bei der Verwendung richtig frischer Bio-Lebensmittel kann man sich kaum gesünder ernähren.

Durch den intensivierten Eigengeschmack der Lebensmittel beschränkt sich die Zugabe von Gewürzen, Fett und Salz auf ein Minimum. Das wird jeder feststellen, der die Speisen wie gewohnt würzt und hinterher bemerkt, dass sie versalzen sind oder die Kräuteraromen den Eigengeschmack von Fleisch, Fisch oder Gemüse erschlagen haben. Bei dieser aromatischen Gaumenfreude kann auf viel Gewürz, Salz, kalorienreiche Saucen und fette Beilagen ohne weiteres verzichtet werden. Das kommt nicht nur der Figur zugute, sondern wirkt sich auch positiv auf die Gesundheit aus. Sous-vide-gegartes Gemüse bleibt immer bissfest und sättigt dadurch schneller als weich gekochtes.

„Wer Salz spart, gewinnt an Gesundheit", ist kein Slogan aus einer Krankenkassenwerbung. Tatsächlich steigt der Blutdruck durch den Genuss von Salz, was im übelsten Fall sogar das Schlaganfallrisiko erhöht. Menschen, die mit überhöhter Magensäurebildung kämpfen, z. B. durch eine Unverträglichkeit von Röstprodukten, können sous-vide-gegarte Speisen bedenkenlos genießen.

Die Annahme, gesundheitsbedrohliche Bakterien und Mikroorganismen würden bei niedrigen Gartemperaturen nicht abgetötet oder sogar im Wachstum gefördert, ist nicht ganz richtig. Die Gefahr einer Infektion ist weder höher noch geringer als bei anderen Zubereitungsarten. Allerdings sollte man es mit der Hygiene im Zusammenhang mit Sous-vide-Garen sehr genau nehmen. In den meisten Fällen werden Lebensmittel während der

Verarbeitung kontaminiert. Hier gilt es sowohl Fleisch als auch Gemüse und Obst sorgfältig abzuwaschen und mit Küchenkrepp abzutupfen, da sich die meisten Erreger auf der Oberfläche befinden, die Hände und alle Gerätschaften, wie Messer und Schneidbretter, peinlichst sauber zu halten und die Lebensmittel bis zum Vakuumieren am besten auf dem Küchenkrepp liegen zu lassen.

Bei Temperaturen über 55°C und einer längeren Garzeit findet im Beutel eine Pasteurisierung statt. Genau wie bei der kurzeitigen Pasteurisierung bei hohen Temperaturen werden die Krankheitserreger nicht völlig abgetötet, sondern auf ein Maß reduziert, das für den erwachsenen Menschen gesundheitsunschädlich ist. Bei Kleinkindern, Senioren oder Menschen mit schwachem Immunsystem ist also besonders auf die Hygiene zu achten. Wer ganz sichergehen will, sollte Gemüse und Obst vor dem Garprozess blanchieren und Fleisch, Geflügel und Fisch anbraten oder mit einer Salz- oder Essiglösung abwaschen.

Sollte sich dennoch ein vakuumierter Beutel vor oder während des Garprozesses aufblähen, ist dringend geraten, den Inhalt zu entsorgen, denn dies ist ein Zeichen für erhöhten Keimbefall. Das Gleiche gilt für Lebensmittel, die nach Öffnen des vakuumierten Beutels unangenehm riechen.

DER PRAXISNUTZEN

•Immer frisch gekocht

Es gibt Tage, an denen ein gemeinsames Essen zu Hause nicht möglich ist. Zum Beispiel wenn mehrere Familienmitglieder zu unterschiedlichen Zeiten hungrig nach Hause kommen. Natürlich gibt es Gerichte, die sich wunderbar mehrfach aufwärmen lassen, aber es soll ja nicht immer Gulasch oder Erbsensuppe sein. Sous-vide-gegarte Gerichte können problemlos im Wasserbad warm gehalten werden und zwar exakt bei der gewünschten Kerntemperatur. So ist eine Übergarung nicht möglich und es kann auch nichts anbrennen. Selbst Schulkinder sind in der Lage, einen Plastikbeutel aus dem Wasserbad zu fischen und den Inhalt unfallfrei auf einen Teller zu bringen. Die Wassertemperatur ist zu niedrig, um sich damit zu verbrühen.

Singles profitieren ebenfalls von dieser Art der Versorgung. Anstatt auf Fast Food zurückzugreifen, lassen sich die eigenen „Fertigprodukte" ganz bequem vorbereiten. Durch das Vakuum können keine Inhaltsstoffe verloren gehen und der Sauerstoffentzug verhindert eine Geschmacksbeeinträchtigung. Portionsweise vakuumiert und gekühlt bzw. tiefgefroren ist so jederzeit eine gesunde Mahlzeit ohne jegliche Zusatzstoffe griffbereit und schnell verzehrfertig, und das Ganze ohne den Herd dafür einschalten zu müssen.

Sous-vide-gegarte Gerichte gewährleisten darüber hinaus eine immer gleichbleibende Qualität, das heißt, egal wie oft z.B. ein Stück Fleisch nach dem gleichen Rezept zubereitet wird, es wird jederzeit dasselbe hervorragende Ergebnis erreicht.

Außerdem ist die Resteverwertung ein wichtiger Aspekt. Der Schweinebraten war viel zu groß und wurde nicht aufgegessen, aber es hat auch keiner Lust, den Rest der Woche aufgewärmten Braten und aufgewärmte Beilagen zu essen? Vakuumieren – einfrieren – und einige Wochen später regenerieren! Schmeckt wie frisch gekocht.

· Zu Gast bei der eigenen Party

Wenn Gäste zum Essen erwartet werden, bedeutet das eindeutig Stress, zumindest für denjenigen, der für das Menü verantwortlich ist. Einkaufen, vorbereiten, kochen mit sehr wenig Zeit strengt an. Schließlich muss die Menüfolge stimmen, und seien es nur drei Gänge, jeder Gast soll ja gleichzeitig die Vorspeise oder den Hauptgang serviert bekommen. Normalerweise bedeutet das: Gäste begrüßen und während sie ihren Aperitif schlürfen, ab in die Küche, den ersten Gang fertigstellen. Für entspannte Gespräche bei Tisch bleibt nicht viel Zeit, denn der Blick zur Uhr, um den richtigen Moment von „à point" und „al dente" für den nächsten Gang abzupassen, lässt keine anderweitigen Ablenkungen zu. Also doch lieber nochmal

schnell in die Küche, umrühren, wenden, abschmecken … während das eigene Essen langsam, aber sicher auf dem Teller kalt wird.

Sous-vide-gegarte Gerichte lassen sich wunderbar vorbereiten. Die einfache und unkomplizierte Art der Zubereitung garantiert auch bei nicht sehr erfahrenen Hobbyköchen beste Ergebnisse und man kann schon Wochen vor dem gemeinsamen Essen in Ruhe damit beginnen. Wichtig dabei ist, die fertig gegarten Gerichte unverzüglich nach der Entnahme aus dem Wasserbad in Eiswasser schnell unter 10°C herunterzukühlen und dann, je nach Zeitraum bis zur Verwendung, entweder gekühlt oder eingefroren aufzubewahren. Die schnelle Abkühlung gewährleistet, dass sich Mikroorganismen nicht vermehren können. Die Zubereitung danach ist denkbar einfach. Die Speisen werden bei exakt der Kerntemperatur, bei der sie gegart wurden, im Wasserbad regeneriert. Tiefgefrorene Gerichte lässt man vorher zunächst im Kühlschrank auftauen. Das Ergebnis ist wie „frisch gekocht" ohne jeglichen Qualitäts- und Geschmacksverlust, denn durch den Ausschluss von Sauerstoff kann sich die Oberfläche nicht verändern, das Essen schmeckt nicht „aufgewärmt". Damit hat auch die Panik ein Ende, wenn die Gäste sich verspäten, weil nichts anbrennen, überkochen oder verkochen kann. Auf vorgewärmten Tellern hübsch angerichtet, ist das Essen in Minutenschnelle servierfertig und der Gastgeber kann sich entspannt seinen Gästen widmen. Das funktioniert übrigens genauso auf einem Grillabend. Sous-vide-gegarte Steaks sind nach zwei Minuten auf dem Grill fertig und unübertrefflich in Zartheit und Geschmack.

• Vorratshaltung

Das Sous-vide-Verfahren spart nicht nur Zeit sondern auch Geld.

Ob Produkte im Sonderangebot oder saisonale Erzeugnisse – die optimale Art der Vorratshaltung erlaubt Einkäufe dann, wenn sie am günstigsten sind. Viel zu viel Nüsse gesammelt oder Obst- und Gemüseschwemme im eigenen Garten? Auch dem kann man ohne Verluste Herr werden. Im Vakuum konserviert und tiefgefroren halten sich frische Lebensmittel genauso wie fertig gegarte Gerichte bis zu einem Jahr.

So schmeckt der Spargel zu Weihnachten noch genauso gut wie am Tag der Zubereitung.

Die gleichen Vorteile gelten natürlich ebenfalls für eine kurzzeitige Bevorratung. Vakuumierte Lebensmittel verderben auch im Kühlschrank nicht mehr so schnell.

Rein wirtschaftlich betrachtet, bietet diese Art der Vorratshaltung die meisten Vorteile.

GERÄTE UND ZUBEHÖR

• Die Beutel

1. Glatte Siegelrand-Vakuumierbeutel
Beidseitig glatt. Geeignet für Kammervakuumierer. In vielen Größen und als Schlauchware erhältlich.

2. Struktur-Vakuumierbeutel
Eine Seite glatt, eine Seite geriffelt. Geeignet für Absaug-Vakuumierer (z. B. Lava). In vielen Größen und als Schlauchware erhältlich.

3. Retortbeutel
Extrastarke Vakuumierbeutel für scharfkantige Produkte und bei besonders langer Aufbewahrungszeit.

4. Schrumpfbeutel
In verschiedenen Größen erhältlich. Sorgen für eine stärkere Komprimierung im Beutel, weil sie sich durch die Wärmeeinwirkung im Wasserbad zusammenziehen.

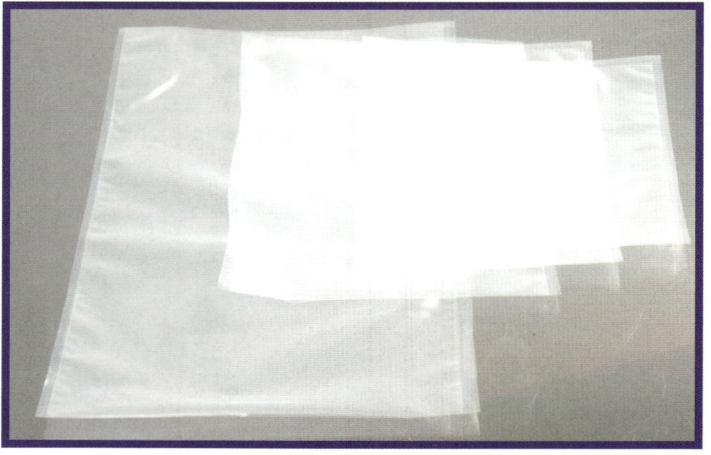

Bei der Auswahl der richtigen Vakuumierbeutel sollte zunächst der Temperaturbereich, in dem der Beutel eingesetzt wird, berücksichtigt werden. Nicht alle Plastikbeutel sind kochfest oder kältebeständig. Die beste Wahl treffen Sie, wenn Sie sich an den Herstellerempfehlungen des Vakuumiergerätes orientieren. Angst vor krankheitserregenden Stoffen in den Kunststoffbeuteln muss man nicht haben, denn sie sind in aller Regel als 100% frei von Weichmachern und Chlor zertifiziert. Eine entsprechende Erklärung findet sich auf der Verpackung oder wird Ihnen auf Nachfrage direkt beim Hersteller zur Verfügung gestellt.

• Vakuumbehälter

Druckempfindliche Lebensmittel wie Brot, Gebäck oder Beeren würden sich in Vakuumbeuteln völlig verformen bzw. regelrecht zerquetscht werden. Hierfür eignen sich die Lava Druckregulierung (Zubehörteil) oder die festen Vakuumbehälter sehr gut, ebenso für jede Art von Flüssigkeiten, wobei darauf geachtet werden muss, dass diese nur in abgekühltem Zustand vakuumiert werden, da sie sonst überquellen können. Die speziellen Behälter aus hochwertigem Kunststoff oder Edelstahl gibt es in vielen verschiedenen Größen und Formen. Mit Hilfe eines Absaugschlauches am Vakuumiergerät werden sie durch ein Ventil im Deckel vakuumiert. Aber auch, wo kein elektrischer Strom zur Verfügung steht, z.B. auf Reisen oder beim Sport, sind die Behälter mittels einer Handpumpe jederzeit einsatzbereit. Die Behälter sind ideal, um Fleisch und Fisch einzulegen, denn die Marinade zieht innerhalb von wenigen Minuten so stark ein wie sonst unter normalen Bedingungen in 6-10 Stunden. Durch die Temperaturbeständigkeit zwischen -30°C bis +130°C eignen sie sich für den Einsatz im Kühlschrank, Gefrierschrank und für die Mikrowelle.

Als weiteren außergezeichneten Vorteil bieten die Behälter die Möglichkeit, bereits geöffnete Einmachgläser und Twist-Off-Gläser erneut luftdicht zu verschließen. Dazu werden die Gläser in einen Vakuumbehälter gestellt und ganz einfach vakuumiert.

• Der Vakuumierer

Um beste Ergebnisse beim Sous-vide-Garen zu erzielen, ist ein gutes Vakuumiergerät mit einer Absaugleistung von mindestens -0,80 bar unentbehrlich. Die günstigen kleinen Folienschweißgeräte mit Luftabsaugung, die es in jeder Haushaltswarenabteilung zu kaufen gibt, erbringen diese Leistung nicht und sind deshalb ungeeignet.

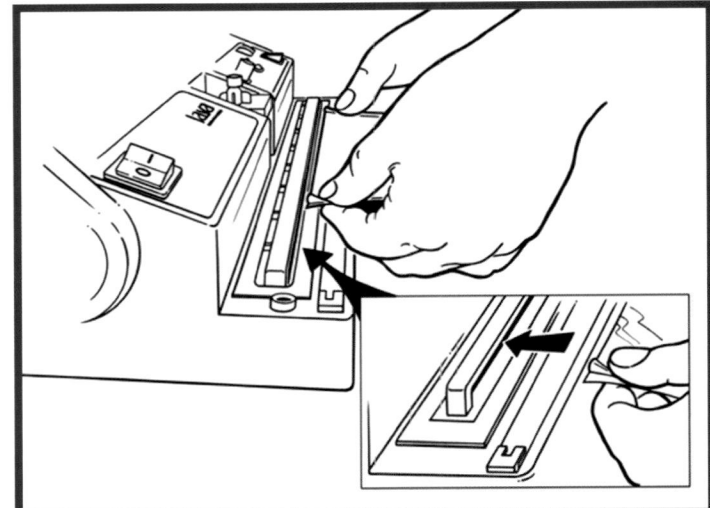

Absaugvakuumierer sind kompakte, mobile Geräte, bei denen der befüllte Beutel mit der offenen Seite in eine Schiene geschoben wird. Nach Schließen des Gerätes wird die Luft durch eine Vakuumpumpe abgesaugt und der Beutel automatisch verschweißt. Dafür sind strukturierte Beutel erforderlich. Sie verhindern eine Blasenbildung während des Vakuumiervorganges und gewährleisten, dass die Luft restlos ausgesogen wird.

Mit einer bestimmten Falttechnik sind glatte Siegelrandbeutel bei den Lava Vakuumierern einsetzbar:

Der Siegelrand-Vakuumbeutel (mind. 120 m stark) wird oben an der Beutelöffnung „überlappt übereinander geschoben" und in diesem Zustand dann unter die Beutelanschlagsleiste gelegt. Das Gerät vakuumiert dank dieser speziellen Beutel-Falt-Technik und der nur in einem Lava Vakuumiergerät verbauten Anschlagsleiste einfach und schnell handelsübliche glatte und vor allem preiswerte Siegelrandbeutel.

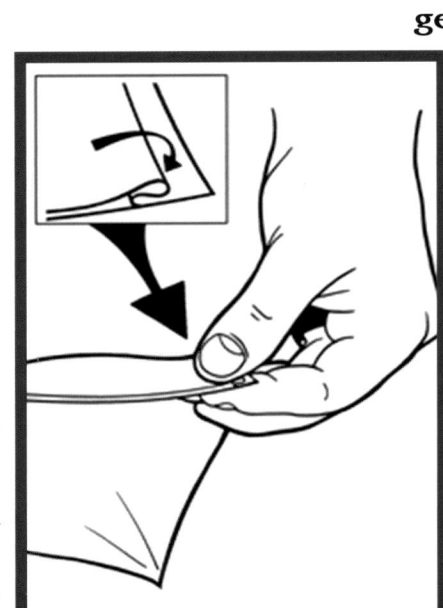

Die Handhabung eines Absaugvakuumierers ist unkompliziert, aber die Funktionen sind etwas eingeschränkt. Flüssigkeiten lassen sich nicht in einem Beutel vakuumieren, die Pumpe würde sie absaugen wie die Luft. Selbst bei sehr niedrigem Flüssigkeitsanteil der Lebensmittel kann dies dazu führen, dass die Schweißnaht nicht hält. Dieses Problem kann allerdings mit kleinen Kniffen umgangen werden.

→ Für Beutelinhalte mit geringem Flüssigkeitsanteil bietet Lava spezielle, für Lebensmittel geeignete Vlieseinlagen, die als Flüssigkeitsstopp dienen. Ein schmaler Streifen davon, quer vor den Schweißbereich im Beutel gelegt, saugt die Flüssigkeit auf und verhindert so das Ansaugen durch die Pumpe.

→ Beutelinhalte mit hohem Flüssigkeitsanteil wie Fonds, Suppen, Saucen oder Marinaden vor dem Vakuumieren gefrieren.

→ Alternativ das Bag-in-Bag-System verwenden. Dazu die Zutaten in einen einfachen Gefrierbeutel geben, diesen nicht zu fest verknoten und mit der Knotenseite zuerst in einen Vakuumbeutel stecken, dann vakuumieren.

→ Zur Aufbewahrung und Vorratshaltung von Flüssigkeiten feste Behälter verwenden.

Absaugvakuumierer Step by Step:

1. Die Öffnung des Beutel ein Stück umstülpen, damit er dort trocken bleibt, wo sich später die Schweißnaht befindet.

2. Den Beutel maximal 2/3 befüllen. Es muss genügend Platz bleiben, um die Öffnung des Beutels bequem in die Absaugschiene einzulegen.

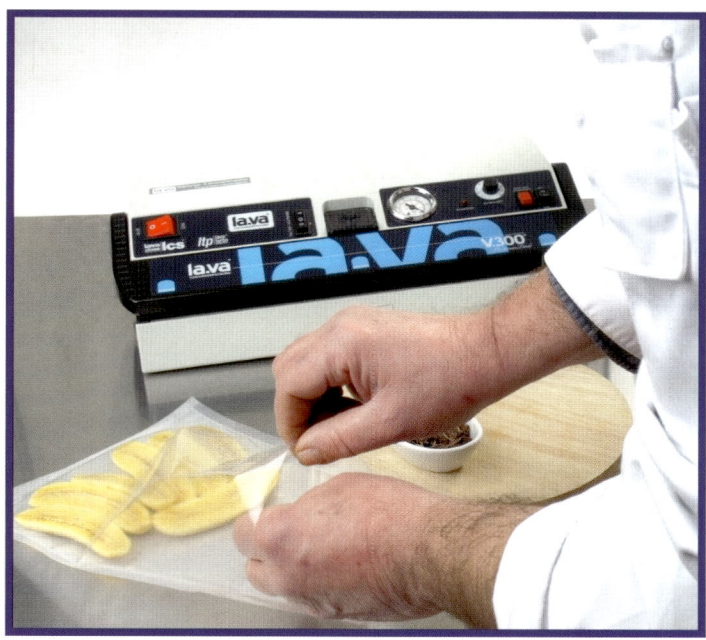

3. Das Gerät einschalten und die gewünschte Vakuumstärke und Schweißzeit einstellen. Die offene Seite des Beutels mit der strukturierten Seite nach unten gerade in die Absaugschiene schieben. Dabei darauf achten, dass der Beutel glatt und ohne Falten liegt.

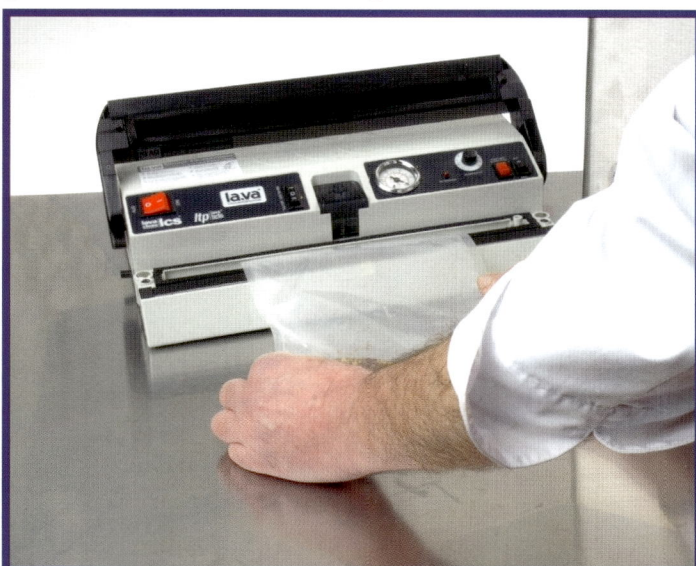

4. Deckel schließen und fest andrücken.

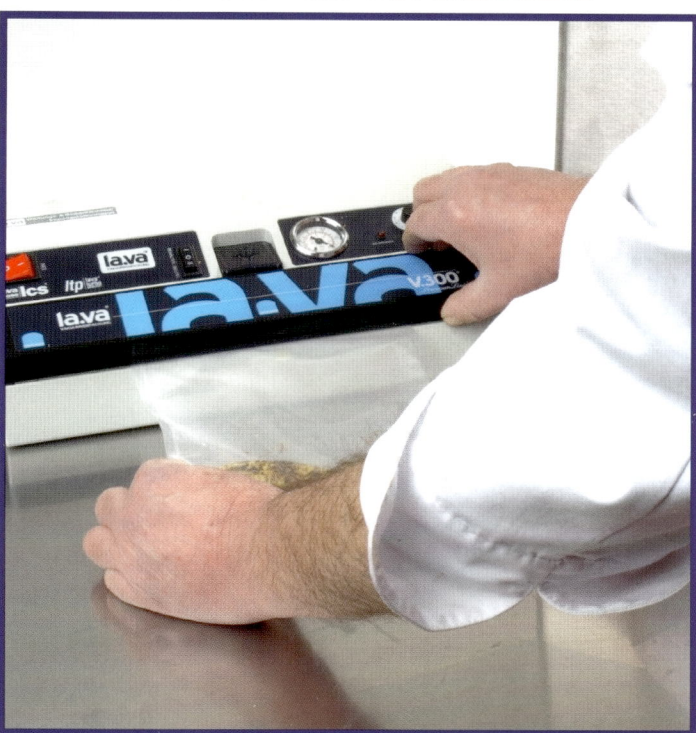

5. Nach Beendigung des Vakuumiervorganges den Deckel anheben und den Beutel entnehmen. Das Gerät ggf. reinigen.

Optimale Ausstattung eines Absaugvakuumierers:

→ Einstellbare Druckregulierung (um Kompressionsschäden bei druckempfindlichen Lebensmitteln zu vermeiden)
→ Mindestens zwei Schweißnähte
→ Vorrichtung zum Vakuumieren von Behältern
→ Regulierbare Schweißzeit
→ Flüssigkeitsabscheider, herausnehmbar

Kammervakuumierer sind in der Regel leistungsstärker, aber auch teurer als Absaugvakuumierer. Das Gerät ist größer und schwerer und damit nicht sehr einfach zu bewegen. Wenn es der Platz erlaubt, sollte hierfür gleich ein passender Unterwagen angeschafft werden. Damit ist das Gerät mobiler und der Unterwagen bietet Platz für die Aufbewahrung der Beutel. Je nach Modell sind Kammervakuumierer volumenflexibel und mit Einlegeplatten ausgestattet, die das Kammervolumen zum Vakuumieren von kleinen Produkten verringert. Nimmt man die Platten heraus, bietet die Kammer Platz für große Produkte. Je nach Breite der Beutel lassen sich ohne weiteres mehrere nebeneinander gleichzeitig vakuumieren.

Der Beutel wird dabei in eine Kammer gelegt. Durch das Schließen des Deckels wird die Luft aus dem Raum und dem Beutel gesaugt, danach wird der Beutel mittels einer Schiene durch Hitze versiegelt. Dann wird wieder Luft in die Kammer gelassen. Dieser Vorgang geschieht nicht schlagartig, sondern durch eine Softbelüftung, sonst wäre der Schock durch den Außendruck so groß, dass der Beutelinhalt wie nach einer Behandlung mit einem Vorschlaghammer aussehen würde. Nach dem Druckausgleich öffnet sich der Deckel und der Beutel kann entnommen werden. Dieses Verfahren hat den großen Vorteil, dass auch Flüssigkeiten vakuumiert werden können, denn die Luft wird nicht aus dem Beutel gesaugt, sondern aus der ganzen Kammer.

Die Vakuumstärke ist bei diesen Geräten besser regulierbar. Sie verfügen auch über eine Begasungseinrichtung, die dafür sorgt, dass druckempfindliche Produkte nicht verformt oder beschädigt werden.

Kammervakuumierer Step by Step:

1. Den Beutel maximal 2/3 befüllen und darauf achten, dass der Rand sauber und vor allem fettfrei bleibt.

2. Das Gerät einschalten und die gewünschte Vakuumstärke (ggf. auch die Begasung) wählen.

3. Je nach Größe des zu vakuumierenden Produktes die Einlegeplatten herausnehmen.

4. Für das Vakuumieren von Flüssigkeiten einen schrägen Einsatz platzieren, damit die Flüssigkeit nicht auslaufen kann.

5. Den Beutel so einlegen, dass die Beutelöffnung weit genug über der Versiegelungsschiene liegt. Der Beutel darf auf keinen Fall aus der Kammer herausragen. (Dies hätte zur Folge, dass der Beutel durch den hohen Druck in der Kammer platzt.) Den Kammerdeckel schließen.

6. Nach der Beendigung des Vakuumiervorganges den Beutel entnehmen. Gerät ggf. reinigen.

Optimale Ausstattung eines Kammervakuumierers:

→ Einstellbare Druckregulierung und Begasungsvorrichtung (um Kompressionsschäden bei druckempfindlichen Lebensmitteln zu vermeiden)
→ Zwei Schweißleisten
→ Softbelüftung
→ Computergesteuerte Programmwahl (erleichtert die Einstellungen)
→ Schnell-Stop-Schalter (unterbricht den Vakuumiervorgang an der gewünschten Stelle)

ALLES UNTER DRUCK

Wer einmal einen guten Vakuumierer besitzt, wird ihn nicht wieder hergeben wollen. Neben dem Einsatz für das Sous-vide-Garen bietet er eine Reihe praktischer Vorteile.

• In der Küche
→ Die Haltbarkeit angebrochener Lebensmittel, die nicht ständig benötigt werden, wie Haferflocken, gemahlene Nüsse, Reis etc. wird im Vakuum verlängert. Für lichtempfindliche Produkte wie Kaffee, Tee und Gewürze gibt es spezielle silberne Beutel.

→ Geruchsintensive Lebensmittel wie Harzer Käse, Knoblauch, Räucherfisch etc. können vakuumiert im Kühlschrank weder Geruch noch Geschmack abgeben.

→ Produkte wie Kakao, Mehl, Nudeln, Maiskörner und getrocknete Gemüse- und Obstprodukte werden sicher vor Mehlmotten und Kakaomotten geschützt.

• Im Haushalt
→ Decken und Kissen nehmen im Schrank sehr viel Platz weg. Vakuumiert brauchen sie 2/3 weniger. Dasselbe gilt für Gartenmöbelauflagen.

→ Wird die Sommer- bzw. Wintergarderobe mit einem Stückchen Zedernholz vakuumiert, schützt das nicht nur vor Staub und Motten, sondern schafft auch Platz.

→ Wolle und Stoffe aus der Handarbeitsecke können platzsparend aufbewahrt werden.

→ Sammlerstücke wie Briefmarken, antiquarische Bücher etc. sind im Vakuum vor Umwelteinflüssen geschützt.

→ Münzen, Schmuck und Silberbesteck können unter Vakuum nicht anlaufen.

→ Wertpapiere und Banknoten sind besser geschützt.

→ Tiefkühlprodukte zum Versand in einem Beutel mit Eiswürfeln vakuumiert, erspart Kosten für die Eilzustellung.

→ Wird Tierfutter in günstigen Vorratspackungen gekauft und in Portionen vakuumiert, kann Geld gespart werden.

→ Angebrochene Farben/Lacke trocknen nicht mehr aus, wenn man sie in den Dosen vakuumiert.

→ Leicht vakuumiert haben teure Zigarren die besten Lagervoraussetzungen wie in einem Humidor.

→ Angebrochene Sämereien können einvakuumiert auch in der nächsten Saison noch ausgebracht werden.

→ Elektronikartikel finden Schutz vor statischer Aufladung und Korrosion. Hierfür gibt es spezielle silberne Vakuumbeutel.

→ Und nicht zuletzt: Abfälle, die in der wärmeren Jahreszeit im Mülleimer schnell von Fliegen befallen werden, sind sicher verpackt und verbreiten keine unangenehmen Gerüche.

• Für Unterwegs
→ Bekleidung unter Vakuum ist vor Nässe geschützt und nimmt weniger Platz weg.

→ Streichhölzer, Batterien, Akkus, Verbandsmaterial und Medikamente bleiben trocken.

→ Kosmetikprodukte (Duschgel, Cremes in Tuben, Zahnpasta, etc.) können nicht auslaufen.

→ Kontaktlinsenboxen können vakuumiert nicht austrocknen oder auslaufen.

→ Patronen sind vor Feuchtigkeit geschützt.

die bei teilweise sehr langen Garzeiten eine wichtige Rolle spielen. Unter guten Bedingungen betragen die Betriebskosten bei mittlerer Gerätegröße nur etwa 15 Cent pro Stunde. Verglichen mit einem Backofen, der in der gleichen Zeit das Fünffache an Energiekosten verursacht, eine wirklich günstige und ökologische Lösung. Das Wasser muss nicht nach jedem Garvorgang gewechselt werden, solange es geruchsneutral und klar ist.

Die Geräte gibt es mit unterschiedlichen Fassungsvermögen. Modelle mit zwei Becken lassen sich getrennt voneinander regulieren.

DAS SOUS-VIDE-GERÄT –
DER THERMALISIERER

Der Thermalisierer, das eigentliche Sous-vide-Gerät, ist ein Behälter aus Edelstahl, der mit Wasser befüllt wird, um die vakuumierten Speisen bei relativ niedrigen Temperaturen darin zu garen. Dieses Gerät ist das wichtigste Utensil bei der Sous-vide-Garmethode, denn kein anderes Küchengerät ist in der Lage, die Wassertemperatur so exakt konstant zu halten, wie es beim Sous-vide-Verfahren erforderlich ist. Bei den Thermalisierern von Lavide beträgt die Temperaturgenauigkeit ±0,1°C, ein Ergebnis, das man sonst nur aus der Labortechnik kennt. Grund dafür ist der eingebaute PID-Regler (proportional-integral-derivative), das ist ein Prozessor, der permanent die Differenz zwischen der tatsächlichen und der Zieltemperatur misst und reguliert. Durch die dadurch entstehende Wasserumwälzung im Becken, kommt das Gerät ohne Pumpe oder Motor aus, was sich deutlich auf die Betriebskosten auswirkt,

Thermalisierer Step by Step:

1. Das Becken mit Wasser bis zur Mindestmarkierung befüllen und den Deckel schließen.

2. Gerät einschalten.

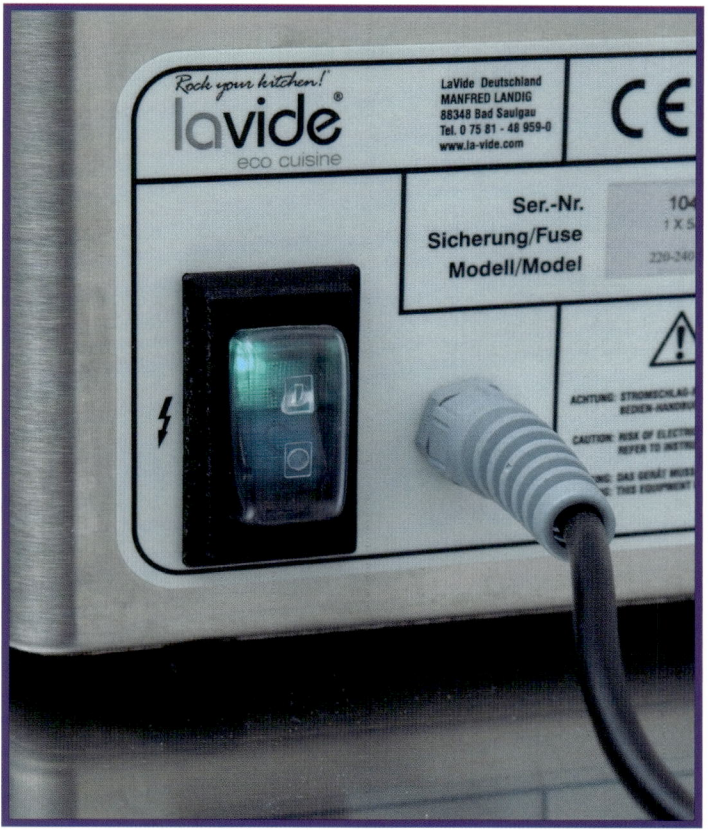

3. Gewünschte Kerntemperatur einstellen.

4. Sobald das Wasser die Temperatur erreicht hat, den Beutel einlegen und den Deckel wieder schließen.

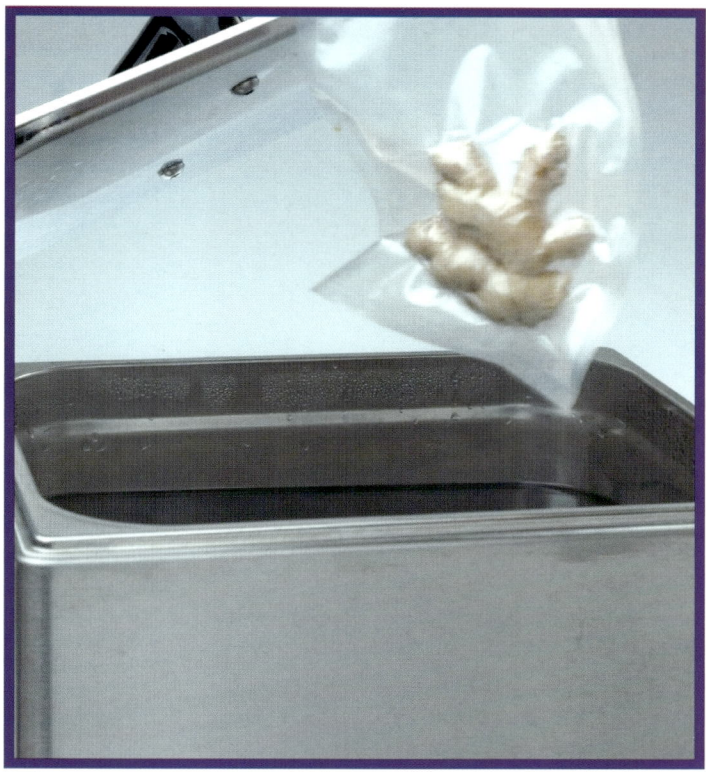

5. Nach Ablauf der Garzeit den Beutel entnehmen.

6. Ggf. Wasser ablassen und das Gerät reinigen.

Optimale Ausstattung eines Thermalisierers:

→ Integrierter Wasserablauf
→ Überhitzungsschutz
→ Programmierbarer Timer

Nicht nur ein einfaches Wasserbad

Das Sous-vide-Gerät ist, wie auch der Vakuumierer, ein Allrounder, der zu schade ist, um nur selten genutzt zu werden. Im Temperaturbereich zwischen 5°C und 90°C finden sich weitere Einsatzmöglichkeiten.

So lassen sie sich ganz einfach zum Warmhalten von Suppen, Eintöpfen, Gulasch, Bockwurst oder Getränken wie heiße Schokolade, Glühwein oder Fleischbrühe einsetzen.

Die Becken eignen sich außerdem hervorragend zum Confieren. Das ist eine Art der Konservierung, bei der die Zutaten schonend in Fett oder Öl gegart und anschließend kühl gelagert werden. Confierte Produkte sind mehrere Wochen haltbar. Auch die berühmten französischen Rillettes können so zubereitet werden.

→ Frisch confierter Thunfisch an Zwiebel-Weißweinsauce (siehe Seite 142)
→ Frisch confierte Garnelen (siehe Seite 143)
→ Confierte Entenkeulen (siehe Seite 144)
→ Gänseconfit (siehe Seite 145)
→ Rillettes vom Kaninchen (siehe Seite 147)
→ Rillettes vom Schwein (siehe Seite 148)
→ Confierter Knoblauch (siehe Seite 149)

Eine andere Art der Konservierung ist die Pasteurisation. Nachdem der französische Chemiker Louis Pasteur Mitte des 19. Jahrhunderts entdeckte, dass durch kurzzeitige Erhitzung von Lebensmitteln auf ca. 85°C die meisten hitzeempfindlichen Mikroorganismen wie

Schimmelpilze und Hefen abgetötet werden, ist dieses Verfahren aus der Lebensmittelindustrie nicht mehr wegzudenken. Da hitzeresistente Keime dabei überleben, sind pasteurisierte Lebensmittel nicht völlig keimfrei und gelten deshalb als Halbkonserven. Um eine Rekontamination zu verhindern, empfiehlt es sich, die Lebensmittel nach dem Pasteurisieren sofort herunterzukühlen und (sofern nicht bereits im Sous-vide-Verfahren erfolgt) in Beutel oder Behältern zu vakuumieren. Auf diese Weise können z.B. Obst, Gemüse und selbst gemachte Fruchtsäfte konserviert werden.

Vollei wird bei ca. 65°C für 90-180 Sekunden pasteurisiert. Ei zu pasteurisieren empfiehlt sich bei Speisen und Getränken, in denen rohe Eier verwendet werden, wie z.B. in Mayonnaise, Tatar oder Rotwein mit Ei.

Bei der Pasteurisierung von Milch werden die Milchsäurebakterien abgetötet, die für das Sauerwerden verantwortlich sind. Dieser Vorgang wird zu Hause wahrscheinlich nicht durchgeführt, denn Milch wird in aller Regel schon konserviert eingekauft. Trotzdem der Vollständigkeit halber nachfolgend das Verfahren:

1. Kurzzeiterhitzung
Im Thermalisierer ca. 20 Sekunden auf 75°C erhitzen.

2. Dauererhitzung
Im Thermalisierer 30 Minuten auf 65°C erhitzen.

3. Hocherhitzung
Im Thermalisierer 10 Sekunden auf 85°C erhitzen.

AUSSERGEWÖHNLICHE DELIKATESSEN

BLACK GARLIC AUS DEM THERMALISIERER

Von außen ist es der Knoblauchzehe kaum anzusehen, dass sich unter der Schale pechschwarze Zehen befinden. Geschält könnte es auf den ersten Blick eine neue Züchtung sein, ist es aber nicht. Black Garlic ist fermentierter Knoblauch. Die Zubereitung im Thermalisierer ist eine koreanische Idee und in unseren Regionen eher selten zu bekommen. Und wenn doch, ist der Preis unheimlich hoch, aber für den Genuss lohnt es sich. Geschmacklich hat Black Garlic nur noch wenig mit dem Ursprungsprodukt zu tun. Er schmeckt süßlich, sehr aromatisch fruchtig und er hinterlässt keine Knoblauchfahne. In Scheibchen auf Spaghetti oder in Saucen, mit einer leichten Brühe zu einer Paste vermixt als Brotaufstrich oder als Topping zum Dessert verbreitet er sein unvergleichliches Aroma. Die Herstellung ist unkompliziert, aber langwierig. Mindestens drei Wochen brauchen die frischen Zehen in unversehrten Knollen in einem verschlossenen Twist-Off-Glas bei 65°C im Wasserbad, bis sie sich vollends in Black Garlic verwandelt haben. Anschließend müssen sie luftig aufbewahrt werden, bis sie getrocknet sind. Trotzdem handelt es sich hierbei, durch den geringen Energieverbrauch des Thermalisieres, um eines der wenigen Produkte, die selbst gemacht viel günstiger als gekauft sind. Mit Black Garlic als Mitbringsel überraschen Sie jeden Gourmet.

DAS ONSEN-EI

Die hohe Kunst, ein Ei zu kochen, beschäftigt Sterneköche und Gourmets gleichermaßen. Denn als wirklich perfekt gilt nur ein Ei, dessen Konsistenz, die des Eigelbs ebenso wie des Eiweißes, cremig ist: das Onsen-Ei! Entdeckt wurde es in Japan, wo die Einwohner heiße Quellen, die sogenannten Onsen, zum Garen ihrer Hühnereier benutzen. Die Quellen haben konstante Temperaturen zwischen 60 und 70°C und so besteht die eigentliche Kunst nur darin, die Eier aus den Onsen, zu fischen sobald das Eigelb eine Temperatur von 65°C erreicht hat. Dann nämlich findet die Denaturierung des Eigelbs statt, das Eiweiß hingegen gerinnt erst bei 75°C. Im Thermalisierer ist es möglich, die heißen Quellen von Japan zu simulieren und Onsen-Eier zu garen. Bei einer Wassertemperatur von 65°C gart das Ei sozusagen von innen nach außen. Bei einem frischen, mittelgroßen Hühnerei mit Zimmertemperatur beträgt die Garzeit eine Stunde. Dann wird es aufgeschlagen und das Dotter vorsichtig vom teilweise geronnenen Eiweiß befreit. Was übrig bleibt, ist ein Eigelb, von dem der Feinschmecker träumt. Mit ein paar Meersalzflocken bestreut und mit frischem Brot, mit oder ohne Eiweiß, serviert, ist hier der Gipfel des High-End-Food erreicht.

Wet Aging und Dry Aging
im eigenen Kühlschrank

Die edelsten Teile dunkler Fleischsorten von Rind, Wild und Lamm benötigen eine gewisse Reifezeit, bis daraus aromatische Fleischstücke mit einer zarten Struktur werden. Grund dafür ist mangelndes Wasserbindevermögen und das Absinken des ph-Wertes durch die Produktion von Milchsäure, die gleich nach der Schlachtung einsetzt und das Fleisch zäh und ungenießbar macht. Erst nach einer gewissen Zeit beginnen Enzyme das Eiweiß zu spalten, sodass der ph-Wert und die Wasserbindungsfähigkeit wieder steigen und das Muskelfleisch locker und zart wird.

Die älteste Methode der Fleischreifung ist die Trockenreifung, heute Dry Aging genannt, bei der das Fleisch am Knochen unter optimalen klimatischen Bedingungen meh-

rere Wochen abgehangen wird. Während dieser Zeit bildet das Fleisch eine harte, trockene Außenschicht, die vor der Weiterverarbeitung abgeschnitten werden muss. Diese „Verschwendung" war der Fleischindustrie wohl irgendwann zu teuer und so schwenkte man um auf die Nassreifung (Wet Aging) im Vakuumbeutel, um kein Gramm des wertvollen Flei-

sches zu vergeuden. Auch dieses Fleisch reift in ca. vier Wochen bei Temperaturen zwischen 1 und 4°C, ein Verfahren, das also auch zu Hause im Kühlschrank angewendet werden kann. Dass das Fleisch dabei einen leicht metallischen Geschmack bekommen kann, wird heutzutage, weil wir uns längst daran gewöhnt haben, kaum mehr bemerkt, es sei denn, man macht den direkten Vergleich mit einem trocken gereiften Steak.

Kaum ein Haushalt verfügt über einen entsprechenden Klimaschrank, deshalb haben die Hersteller, wie z.B. Lava auch hier reagiert und Vakuumbeutel konzipiert, in denen das Dry-Aging-Verfahren möglich ist. Die Lösung liegt in einer wasserdampfdurchlässige Membran nach außen, wobei der Beutel nach innen luftdicht abgeschlossen bleibt. Dabei werden die Inhaltsstoffe des Fleisches konzentriert und es findet ein komplexer biochemischer Prozess statt, der wie die Trockenreifung an der Luft wirkt. Das Ganze funktioniert ebenfalls im Kühlschrank bei 1 bis 4°C und einer Reifezeit von 3-4 Wochen. Das Ergebnis ist ein zartes, saftiges Stück Fleisch mit ursprünglich nussigem Aroma.

GRAVED LACHS
BEIZEN, WENN DIE GÄSTE SCHON VOR DER TÜR STEHEN

Gebeizter Lachs ist eine Delikatesse, deren Zubereitung in der Regel mehrere Tage benötigt. Das frische Lachsfilet wird gewürzt mit Meersalz, etwas Zucker, Pfeffer und Dillspitzen, dannach fest in Frischhaltefolie eingeschlagen und mit Gewichten beschwert, für 2-3 Tage im Kühlschrank gelagert – mehrmaliges Wenden in dieser Zeit nicht vergessen! Diese aufwendige Prozedur ist nun durchaus auf eine Stunde reduzierbar (bei einem Filetstück mit Haut von 1 kg Gewicht). Die Gewürze sind die gleichen, aber anstatt Frischhaltefolie und Gewichten wird ein Vakuumbeutel verwendet, der ausreichend Druck ausübt und das Marinieren beschleunigt. Währenddessen ist Zeit, passende Saucen anzurühren. Entweder als Senf-Honig-Dill, Preiselbeer-Meerrettich oder Sahne-Apfelmus.

Sous-vide Step by Step

1. Das Vorbereiten der Zutaten

→ Auf einwandfreie Qualität und Frische der Lebensmittel achten. Das gute Eigenaroma verstärkt sich im Vakuum ebenso wie das schlechte.

→ Nur leicht würzen, da auch der Geschmack von Gewürzen, Kräutern und Ölen sich intensiviert.

2. Das Verpacken

→ Ausreichend große Vakuumierbeutel wählen. Im Zweifelsfall immer „eine Nummer größer".

→ Den Rand des Beutels etwas umstülpen, damit er sauber und fettfrei bleibt und die Schweißnaht richtig schließen kann.

→ Das Gargut vakuumieren.

3. Das Garen

→ Temperatur und Garzeit wählen und den Thermalisierer entsprechend einstellen.

→ Bei mehreren Beuteln darauf achten, dass alle von Wasser umschlossen sind.

4. Die Verarbeitung

→ Fleisch oder Fisch ggf. kurz anbraten.

→ Da das Gargut je nach Gartemperatur bis zum Servieren zu schnell abkühlen würde, empfiehlt es sich, auf vorgewärmten Tellern anzurichten.

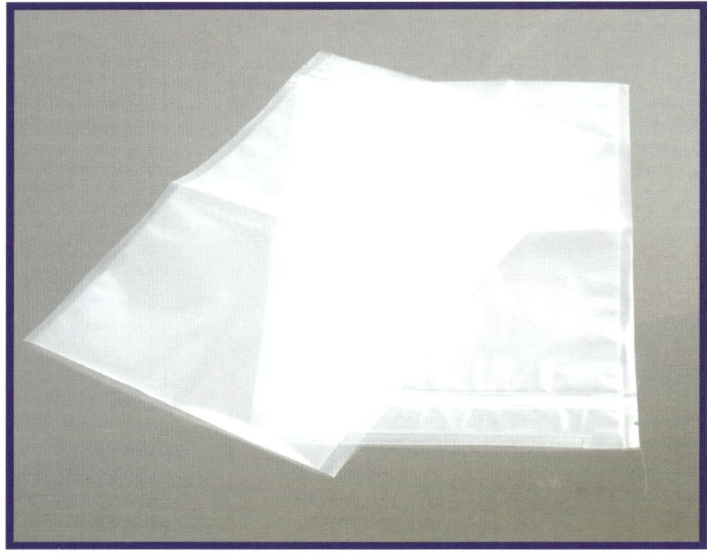

NEUE PRODUKTE

Sous-vide-Gewürze

Da Kräuter und Gewürze ihre Aromen beim Sous-vide-Garen viel stärker entwickeln als beim herkömmlichen Kochen, genügen minimale Mengen. Die österreichische Firma Spiceworld hat Gewürzmischungen entwickelt, die, grammgenau dosiert, beste Ergebnisse bringen. Zurzeit erhältlich sind Mischungen für Backhuhn, Beef, Gans, Gemüse, Grillhuhn, Hühnerfilet, Kalb, Lamm, Schweinebraten und Wild. *www.spiceworld.at*

Kräuteröl

Nicht alle frischen Kräuter und Gewürze halten ihr Aroma über die lange Gardauer stabil. Um metallische oder bittere Nuancen zu vermeiden, bietet sich die Verwendung von Kräuterölen zum Aromatisieren an. Sternekoch Peter Scharff entwickelt Kräuter-Essenz-Öle für die gehobene Küche. Bei der Sous-vide-Technik sorgen die Essenz-Öle aus Majoran, Thymian, französischem Estragon, Oregano, Rosmarin oder Bohnenkraut für dauerhaft frische Aromen. *www.kulinarischekompetenz.de*

Convinience

Die spanische Firma Lahoz ist spezialisiert auf die Sous-vide-Zubereitung von Gourmet Braten- und Schmorgerichten. Die Produkte zum einfachen Regenerieren wie Milchlamm-Schulter, Milchlamm-Medaillons, Milchlamm-Rippchen, Secreto vom Ibérico Schwein und Schweinebäckchen vom Ibérico Schwein sind in Deutschland über BosFood zu beziehen. *www.bosfood.de*

Vorspeisen & Snacks

JAKOBSMUSCHELN
MIT GRÜNEM SPARGEL

46 / 25

Diese Werte beziehen sich auf die Temperatur und die Zubereitungszeit. Sie werden in °C / min angegeben.

- 12 Jakobsmuscheln
- 300 ml Fischfond
- 200 ml trockener Weißwein
- 2 cl Noilly Prat
- 1 Zwiebel
- 400 ml Sahne
- 20 Stangen grüner Spargel
- Salz
- Pfeffer

Das Muschelfleisch waschen und trocken tupfen. Jeweils das Fleisch von 6 Muscheln in einem großen Beutel so vakuumieren, dass sie nicht aneinanderliegen. Für 25 Minuten bei 46°C im Wasserbad garen.

Vom Spargel die Enden abschneiden und die Stangen ca. fünf Minuten in Salzwasser bissfest garen.

Fischfond, Wein und Noilly Prat in einem Topf aufkochen. Die Zwiebel schälen, fein würfeln und zugeben. Auf die Hälfte einkochen lassen. Sahne unterrühren und nochmals stark einkochen.

Die Kochbeutel aufschneiden und den Muschelsud in die Sauce geben.

Das Muschelfleisch in sehr heißem Öl auf einer Seite kurz anbraten.

Mit Salzkartoffeln servieren.

HICKORY-RAUCHFILETHÄPPCHEN AUF SALAT MIT KÜRBISKERNDRESSING

58 / 60

Die Filets rundherum salzen und pfeffern, mit dem Knoblauchgranulat bestreuen und jeweils in einen Vakuumierbeutel legen. Liquid Smoke mit dem Wein verrühren und zu gleichen Teilen in die Beutel geben. Vakuumieren und bei 58°C für 60 Minuten im Thermalisierer garen. Kurz ruhen lassen, dann in dünne Scheiben schneiden.

Den Salat putzen, waschen und abtropfen lassen. Den Staudensellerie waschen und in kleine Scheiben schneiden. Die Schalotte schälen und in feine Ringe schneiden. Aus Essig, Öl und Gemüsebrühe das Dressing anrühren. Mit Salz und Pfeffer abschmecken.

Den Salat auf Teller verteilen. Zwiebelringe, Selleriescheiben und geröstete Kürbiskerne darüberstreuen. Mit dem Dressing beträufeln und die Filetscheiben darauf anrichten.

- 2 kleine Schweinefilets
- 1 TL Liquid Smoke
- 200 ml trockener Weißwein
- 1 TL Knoblauchgranulat
- 1 Kopf Lollo Rosso
- 100 g Rucola
- 1 Stange Staudensellerie
- 1 Schalotte
- 2 EL geröstete Kürbiskerne
- 50 g Sonnenblumenkerne
- 6 EL Sonnenblumenöl
- 2 EL Kürbiskernöl
- 1 EL Essig
- 100 ml kalte Gemüsebrühe
- Salz
- Pfeffer

i

Die sehr geschmacksintensiven Rauchfilethäppchen können gut in größeren Mengen vorbereitet werden. Sie schmecken warm oder kalt.

SCHARFE KING PRAWNS

56 / 45

- 400 g küchenfertige King Prawns
- 50 g getrocknete Tomaten
- 1 kl. Paprikaschote
- 2 Knoblauchzehen
- 50 ml Olivenöl
- 2 TL Rosenpaprika
- Meersalz

Die getrockneten Tomaten sehr fein schneiden. Paprika putzen, Kerngehäuse entfernen und in kleine Würfel schneiden. Knoblauchzehen schälen und in dünne Scheiben schneiden.

Die King Prawns leicht salzen und zusammen mit den restlichen Zutaten vakuumieren. Bei 56°C für 45 Minuten im Thermalisierer garen.

Dazu schmeckt frisches Weißbrot.

Dieses Gericht hat eine angenehme Schärfe. Wer es richtig „hot" mag, nimmt Caviaroli mit Chili zum Garnieren der King Prawns.

i

MARKKLÖSSCHEN,
DIE GARANTIERT NICHT ZERFALLEN

Das Mark aus den Knochen kratzen und in einem Topf langsam schmelzen. Abkühlen lassen. Die Brötchen einweichen und gut ausdrücken. Petersilie waschen und klein schneiden.

Das Mark mit einem Pürierstab aufschlagen. Brötchen, Eier und Petersilie zugeben und mixen. Nach und nach das Paniermehl zugeben. Je nach Menge an Knochenmark und Größe der Eier etwas mehr oder weniger Paniermehl zugeben. Die Masse sollte nicht zu fest sein. Mit nassen Händen Klößchen formen und in gewünschter Menge vakuumieren. Dabei darauf achten, dass sie nicht zu nah aneinander liegen. Bei 80°C für eine Stunde im Thermalisierer garen.

- 1 kg Markknochen
- 2 Brötchen
- 4 Eier
- 2 Stängel Petersilie
- 350 g Paniermehl

i

Die Markklößchenmasse ergibt ca. 50 Stück.

Diese Markklößchen eignen sich nicht nur als Einlage für die Sonntagssuppe, sondern ergeben mit Kartoffelpüree und Buttergemüse ein leckeres Hauptgericht.

Zur Bevorratung die Klößchen ungegart einfrieren.

WILD-TERRINE
MIT AROMATISCHEM SALAT

65 / 600

- 500 g Wildfleischreste
- 200 g Schweinefleischreste
- 1 Rehfilet
- 400 ml kalte Sahne
- 1 TL Madagaskarpfeffer
- einige frische Spinatblätter
- 10 kleine Champignons
- Wildgewürz
- Salz

Zutaten für den Salat:
- 200 g Rucola
- 1 EL Balsamico-Essig
- 4 EL Olivenöl
- 40 g Pinienkerne
- Salz
- Pfeffer

Die Spinatblätter in kochendem Wasser kurz blanchieren, abkühlen lassen und das Rehfilet damit umwickeln. Die Fleischreste von Sehnen und Silberhäuten befreien und klein würfeln.

100 g Wildfleisch beiseitestellen. Den Rest zwei Mal durch die kleinste Scheibe des Fleischwolfs drehen. Sahne, Salz und Wildgewürz unterrühren, bis die Masse eine glatte Konsistenz hat. Madagaskarpfeffer und Wildfleischwürfel unterheben. Eine Keramik-Terrinenform mit der Hälfte der Masse füllen. Das Rehfilet und die Champignons darauflegen und den Rest der Pastetenmasse einfüllen und glatt streichen.

Die Terrine vakuumieren und bei 65°C im Thermalisierer zehn Stunden garen. Danach sofort in Eiswasser herunterkühlen.

Die Pastete auf eine Arbeitsfläche stürzen und in Scheiben schneiden.

Den Salat waschen, trocken schleudern und auf Teller verteilen. Balsamico und Olivenöl verrühren, salzen und pfeffern. Die Pinienkerne in einer Pfanne ohne Öl anrösten. Den Salat mit dem Dressing beträufeln und die Pinienkerne darüberstreuen.

GEFÜLLTE MINIPAPRIKA

Paprika waschen, am Stielende einen Deckel abschneiden und die Kerngehäuse entfernen.

Hackfleisch mit Gewürzen verkneten und in die Schoten füllen. Beim Vakuumieren darauf achten, dass die Paprikaschoten nicht zu dicht aneinanderliegen. Bei 60°C für eine Stunde im Thermalisierer garen.

Auf etwas Kartoffelpüree anrichten und mit frittierter Petersilie garnieren.

· 400 g Minipaprika
  (12-14 Stück)
· 300 g Hackfleisch
· 1 TL Paprikapulver
· Salz
· Pfeffer

Warme Tomaten-Antipasti

80 / 20

- 12 kleine Tomaten

Zutaten der Füllungen:
- 300 g Krabben
- 2 EL Petersilie, gehackt
- 2 EL Olivenöl
- Knoblauchgranulat
- Rosmarin
- Salz

- 200 g Frischkäse
- 1 kl. grüne Paprikaschote
- Salz, Pfeffer

- 12 Champignonköpfe
- 6 Scheiben magerer Schinken

- 200 g Feta
- 12 grüne Oliven

- 200 g geriebener Käse
- 50 g Pinienkerne

Die Tomaten waschen und einen Deckel abschneiden. Das Fruchtfleisch und die Kerne mit einem Teelöffel auskratzen und die Tomaten beliebig füllen. Den Deckel aufsetzen und in Beutel vakuumieren. Bei 80°C für 20 Minuten ins Wasserbad legen.

Kräuter-Krabben-Füllung: Krabben mit Öl und Gewürzen vermischen.

Frischkäse-Paprika-Füllung: Die Paprikaschote waschen, halbieren, Kerngehäuse entfernen und in kleine Würfel schneiden. Unter den Frischkäse rühren und mit Gewürzen abschmecken.

Schinken-Champignon-Füllung: Schinkenscheiben längs halbieren und die Champignonköpfe damit umwickeln.

Feta-Oliven-Füllung: Feta in Würfel schneiden und mit je einer Olive in die Tomaten füllen.

Käse-Pinien-Füllung: Pinienkerne und Käse vermischen.

85 / 50

Die Ei-Variante

- 4 mittelgroße Tomaten
- 4 Eier
- 1 TL Senf
- Salz

Eier trennen und den Senf mit dem Eiweiß verrühren und salzen. Je ein Dotter in eine Tomate füllen und das Eiweiß darüber verteilen.

Bei 85°C für 50 Minuten im Wasserbad garen.

EI IM GLAS

Jeweils 2 Eier verquirlen, Salz und Pfeffer unterrühren und in ein schweres Glas (z. B. Whisky-Tumbler) füllen. Mit einem ausreichend großen Stück Frischhaltefolie verschließen und die Gläser einzeln vakuumieren. Bei 85°C für 60 Minuten im Thermalisierer garen.

Leckere Varianten zum Untermischen:

- Einige gekochte Krabben
- Schnittlauchröllchen
- Tomatenwürfel und Basilikum
- Paprika- und Chiliwürfel
- Zucchini- und Lauchstreifen
- Gebratene Pfifferlinge und Zwiebelwürfel
- Geriebener Käse und Schinkenwürfel
- Kochschinken und Petersilie
- Räucherfischstückchen

· 8 Eier
· Salz
· weißer Pfeffer

i

Hinweis: Funktioniert auch, wenn man die Eier direkt in die Gläser aufschlägt und nicht verquirlt.

GEFLÜGELLEBERPASTETE
MIT SEKT-GELEE

EIN RAFFINIERTES
GESCHMACKSHIGHLIGHT

· 500 g Geflügelleber
· 300 g Geflügelfleisch
· 150 g Suppengemüse
  (Sellerie, Möhre,
  Petersilie, Lauch)
· 1 Zwiebel
· 100 ml Sahne
· 20 ml Portwein
· 10 ml Cognac
· 1 Pr. Thymian
· 1 Pr. Majoran
· 1 Pr. gemahlene Nelken
· 1 TL Salz
· 1/2 TL Pfeffer
· 50 g Preiselbeeren

Zutaten für das Gelee:
· 125 ml süßer Sekt
· 125 ml Geflügelfond
· 3 Blatt Gelatine

Leber und Fleisch klein schneiden und zwei Mal durch die feine Scheibe des Fleischwolfes drehen. Das Suppengemüse und die Zwiebel garen, abkühlen lassen und beim zweiten Mal mit durchdrehen. Flüssigkeiten und Gewürze unterrühren. Die Preiselbeeren unterheben.

Eine Pastetenform mit Frischhaltefolie auskleiden, die Pastetenmasse einfüllen und mit Frischhaltefolie abdecken. Die Form vakuumieren und bei 65°C für zehn Stunden im Thermalisierer garen. Herausnehmen und sofort in Eiswasser herunterkühlen. Wenn die Pastete erkaltet ist, in Scheiben schneiden, mit getoastetem Brot und Sekt-Gelee servieren.

Zubereitung Sekt-Gelee

Sekt mit Geflügelfond aufkochen und fünf Minuten köcheln lassen. Die Gelatine in kaltem Wasser einweichen und gut ausdrücken. In den heißen Sud rühren und nicht mehr kochen. Den Sud in eine flache Form gießen und kalt stellen, bis er erstarrt ist. Die Form kurz in heißes Wasser tauchen und mit einem scharfen Messer in kleine Rauten schneiden oder kleine Formen ausstechen.

Wachtel im Nudelnest

Brüste und Keulen der Wachteln vorsichtig mit der Haut auslösen. Mit Salz und Pfeffer würzen.

Den Apfel schälen, Kerngehäuse entfernen und in kleine Würfel schneiden. Die Zwiebel schälen und ebenfalls fein würfeln. Apfel- und Zwiebelwürfel fünf Minuten in 1 EL Butter dünsten. Die Mischung flach in einen Beutel verteilen, Brüstchen und Keulen darauflegen und vakuumieren. Bei 65°C für 90 Minuten im Wasserbad garen.

Die Reisnudeln nach Packungsanweisung kochen.

Das Wachtelfleisch aus dem Beutel nehmen und in heißer Butter nur auf der Hautseite kurz anbraten. Die Apfel-Zwiebelmischung unter die Nudeln mischen.

Die getrockneten Zwetschgen mit dem Wasser aufkochen und fünf Minuten köcheln lassen. Salzen und mit dem Mixer pürieren und/oder durch ein Sieb streichen.

Die Nudeln auf Teller verteilen und je eine Wachtelbrust und zwei Keulen darauf anrichten. Mit der Zwetschgensauce beträufeln.

- 4 küchenfertige Wachteln
- 200 g Reisnudeln
- 1 Apfel
- 1 Zwiebel
- 2 EL Butter
- 100 g getrocknete Zwetschgen
- 100 ml Wasser
- Salz
- Pfeffer

HAUPTGERICHTE

MUSCHELN AUF PASTA

Das Muschelgewürz in ein Tee-Ei füllen (alternativ in ein Mullsäckchen binden). Alle Zutaten in einem Beutel vakuumieren. Bei 80°C für eine Stunde im Thermalisierer garen. In der Zwischenzeit Nudeln kochen.

Die Nudeln auf Tellern anrichten und das Muschelfleisch darüber verteilen.

- 400 g Miesmuschelfleisch
- 2 kl. Dosen Tomatenstücke
- 2 Knoblauchzehen
- 20 g Muschelgewürz
- 1/2 TL Piment
- 500 g Bandnudeln

51

SCHOLLE MIT KRÄUTERCREME

- 8 Schollenfilets
- Meersalz
- Weißer Pfeffer
- 2 Eier
- 1 Pck. grüne
  Kräuter(-Sauce, z.B. mit
  Schnittlauch, Petersilie,
  Kerbel, Kresse)
- 200 g Schmand
- 200 g Quark
- Saft einer halben Zitrone
- Salz
- Pfeffer

Die Eier gut 5 Minuten hart kochen, pellen und klein schneiden. Kräuter waschen und fein wiegen. Schmand und Quark verrühren. Ei, Kräuter und Zitronensaft unterrühren und mit Salz und Pfeffer abschmecken. Mindestens 30 Minuten ziehen lassen.

Die Schollenfilets waschen, trocken tupfen und leicht würzen. Jeweils zwei Filets aufeinanderlegen und vakuumieren. Bei 55°C für 25 Minuten im Wasserbad garen. Die Filets aus dem Beutel nehmen und mit der Kräutercreme auf Tellern anrichten.

Dazu passt frisches Bauernbrot.

DORADENFILETS
AUF KRESSEPÜREE

Die Doraden waschen und trocken tupfen. Innen und außen leicht salzen und pfeffern und mit Zitronensaft beträufeln. Die Kräuter waschen, trocken schütteln und in den Bauchhöhlen verteilen. Die Fische vakuumieren und bei 58°C für 40 Minuten in den Thermalisierer legen.

Anschließend aus den Beuteln nehmen und dabei den Sud auffangen. Vorsichtig die Haut abziehen, die Filets herausheben und warm stellen. Den Sud mit der Sahne und dem Weißwein aufkochen und etwas reduzieren. Mit Salz und Pfeffer abschmecken.

Das Kartoffelpüree wie auf Seite 107 zubereiten, jedoch ohne Muskat. Die Kresse abschneiden, waschen und trocken schütteln und unter das Püree heben.

Püree auf Teller verteilen und je zwei Fischfilets daraufsetzen. Sauce angießen und servieren.

· 4 küchenfertige Doraden
· 8 Stängel Petersilie
· 8 Stängel Koriandergrün
· 1/2 Bund Schnittlauch
· 1/2 Zitrone
· 200 g Sahne
· 50 ml trockener Weißwein
· Salz
· Pfeffer

Zutaten
für das Kressepüree:
· 600 g Kartoffeln
· 1 Kästchen Kresse
· 200 g Butter
· 100 ml heiße Milch
· Salz

SEETEUFEL
MIT SAFRAN-BASILIKUMSAUCE

- 800 g Seeteufelfilet
- 0,2 g Safranfäden
  (1 Tütchen)
- 1 Zwiebel
- 3 EL Butter
- 500 ml trockener
  Weißwein
- 150 g Crème fraîche
- 0,2 g Safran, gemahlen
- 1 Zweig Basilikum
- Salz
- Pfeffer
- Öl

Die Medaillons waschen und trocken tupfen, salzen, mit den Safranfäden bestreuen und maximal zwei Stück in einem Beutel vakuumieren. Bei 60°C für 25 Minuten im Wasserbad garen.

Die Zwiebel schälen und ganz fein würfeln. In der Butter glasig dünsten, mit dem Weißwein ablöschen, aufkochen und auf ein Viertel reduzieren. Die Crème fraîche und den gemahlenen Safran unterrühren. Basilikumblätter in feine Streifen schneiden und zugeben.

Die fertig gegarten Medaillons aus den Beuteln nehmen. Den Fond unter die Sauce rühren und mit Salz und Pfeffer abschmecken.

Mit Camargue-Reis servieren.

WILDLACHS
AUF MEERRETTICHSCHAUM

Den Wildlachs waschen, trocken tupfen und portionieren. Gegebenenfalls Gräten ziehen. Leicht salzen und mit dem Zitronensaft beträufeln. Vakuumieren und für 25 Minuten bei 46° C im Thermalisierer garen. Den Lachs vorsichtig aus dem Beutel nehmen und in heißem Olivenöl kurz beidseitig anbraten.

Die Schalotte schälen und ganz fein würfeln. Den Wein aufkochen, Zwiebelwürfel zugeben und auf die Hälfte reduzieren. Sahne und Meerrettich zugeben und nochmals stark einkochen. Danach durch ein Sieb passieren. Mit Salz und Pfeffer abschmecken. Vor dem Servieren die kalte Butter zugeben und mit einem Pürierstab aufschlagen bis die Sauce cremig ist.

Dazu passt Camargue-Reis.

- 800 g Wildlachs
- Saft einer halben Zitrone
- etwas Olivenöl
- 1 Schalotte
- 100 ml trockener Weißwein
- 200 ml Sahne
- 50 g Meerrettich, gerieben
- Meersalz
- Salz
- Pfeffer
- 50 g kalte Butter

ZANDER
MIT ANANASPRALINEN UND CURRYMAYONNAISE

60 / 20

- 8 Zanderfilets mit Haut (ca. 800 g)
- etwas Olivenöl
- 1/2 Rolle Blätterteig
- 2 Scheiben frische Ananas
- 1 Eiweiß
- 2 Eigelb
- Salz
- 1 EL weißer Balsamico
- 1 TL Senf
- 200 ml Sonnenblumenöl
- 1 EL Currypulver
- Salz
- Pfeffer

Den Zander waschen und trocken tupfen. Leicht salzen und pfeffern. Vakuumieren und bei 60°C für 20 Minuten im Wasserbad garen. Aus dem Beutel nehmen und in heißem Olivenöl auf der Hautseite anbraten.

Den Blätterteig in acht Rechtecke schneiden. Das Fruchtfleisch der Ananas pürieren und durch ein Sieb passieren. Je einen Teelöffel Fruchtmark auf den Blätterteig setzen. Die Ränder mit Eigelb einstreichen und zu Teigtaschen zuklappen. Mit Eiweiß bepinseln und bei 180°C im Backofen ca. 10 Minuten goldbraun backen.

Das andere Eigelb mit einer Prise Salz, dem Balsamicoessig und dem Senf in eine Rührschüssel geben und mit einem Handrührgerät aufschlagen. Das Öl ganz langsam hineinlaufen lassen und solange rühren, bis eine cremige Konsistenz erreicht ist. Das Currypulver unterrühren.

Die zuvor angerührte Mayonnaise auf Teller streichen. Die Zanderfilets und die Ananaspralinen darauf anrichten.

SEELACHSRÖLLCHEN
MIT SENFSAUCE

55 / 25

FÜR SAUCENLIEBHABER

Die Fischfilets waschen und mit Küchenpapier trocken tupfen. Auf der Arbeitsplatte nebeneinanderlegen, dünn mit Senf bestreichen, Dill darauf verteilen und mit Salz und Pfeffer würzen. Vom schmalen zum breiten Ende fest, aber vorsichtig aufrollen und einzeln in Frischhaltefolie einwickeln, damit die Röllchen ihre Form behalten. In einen Vakuumbeutel füllen und beim Vakuumieren darauf achten, dass sie nicht zu dicht aneinanderliegen. Gegebenenfalls mehrere Beutel verwenden. Bei 55°C für 25 Minuten in den Thermalisierer geben. Auspacken, auf Tellern anrichten und mit Zitronenpfeffer bestreuen.

Mit Kartoffelpüree und grünem Salat servieren.

Für Saucenliebhaber hier die passende Senfsauce:

Die Zwiebel schälen und fein hacken. In Butter ca. 5 Minuten dünsten. Mit einem Schneebesen das Mehl unterrühren. Mit leichter Gemüsebrühe ablöschen und 5 Minuten unter ständigem Rühren köcheln lassen. Mit Senf verfeinern und mit Salz und Pfeffer abschmecken.

- 12 Seelachsfilets
- 2 TL Senf
- 1 EL Dillspitzen
- Salz
- Pfeffer
- Zitronenpfeffer, geschrotet

Zutaten für die Sauce:
- 1 Zwiebel
- 40 g Butter
- 40 g Mehl
- 400 ml Gemüsebrühe
- 3 EL Senf
- Salz
- Pfeffer

LIMONE-THYMIAN-HÄHNCHEN AUF SCHWARZEM REIS

· 4 Hähnchenbrustfilets
· Schwarzer Reis
· 8 Zweige Thymian
· 1 Limone
· 150 g Butter
· Salz
· Pfeffer

Die Brustfilets salzen und pfeffern. Die Limone schälen und das Fruchtfleisch in hauchdünne Scheiben schneiden. Die Blätter von den Thymianzweigen abstreifen. Filets mit Thymian und Limonenscheiben vakuumieren und bei 66°C für eineinhalb Stunden im Thermalisierer garen.

Den schwarzen Reis nach Packungsanweisung kochen. In ein Sieb abgießen und zurück in den Topf geben. Die Butter zugeben und unterrühren, bis sie geschmolzen ist.

Zum Garnieren eignen sich essbare Blüten wie frische Kapuzinerkresse oder Stiefmütterchen.

i

HÄHNCHENBRUST MEDITERRAN

Paprika putzen und in Würfel schneiden. Tomaten in Würfel schneiden. Die Hähnchenbrüste einzeln in Beutel geben und je einen Thymianzweig dazustecken. Gemüsewürfel darauf verteilen. Die Beutel vakuumieren und für 90 Minuten bei 66°C im Wasserbad garen.

Die Hähnchenbrüste mit dem Gemüse auf Tellern anrichten. Mit Meersalz und Pfeffer würzen.

Dazu passen Bandnudeln.

· 4 Hähnchenbrüste
· 1 grüne Paprikaschote
· 1 gelbe Paprikaschote
· 2 Tomaten
· 4 Zweige Thymian
· 4 EL Olivenöl
· Meersalz
· Pfeffer aus der Mühle

KNUSPRIGE ENTENBRUST
MIT BLUTORANGENSAUCE

65 / 40

- 8 Entenbrüste
- 2 EL Olivenöl
- 2 EL Zucker
- 400 ml Entenfond
- 2 Blutorangen
- 4 EL Ketjap Manis
- Salz
- Pfeffer

Die Entenbrüste waschen und trocken tupfen. Leicht salzen und pfeffern und in einem Beutel vakuumieren. Bei 65°C für 40 Minuten im Thermalisierer garen.

Die Entenbrüste aus dem Beutel nehmen und auf der Hautseite in heißem Öl knusprig braten.

Die Blutorangen auspressen. Den Zucker in einem kleinen Topf karamellisieren. Mit Entenfond ablöschen. Orangensaft und Ketjap Manis unterrühren und stark einkochen lassen. Gegebenfalls mit Speisestärke etwas binden.

Je zwei Entenbrüste auf Tellern anrichten und die Sauce angießen.

Dazu passen die sahnigen Süßkartoffeln von Seite 106.

PUTE MIT INDISCHEN AROMEN

Gewürz, Salz und Lebensmittelfarbe mit dem Joghurt verrühren. Die Putenbrustfilets in je einen Vakuumierbeutel
füllen. Den Joghurt in die Beutel verteilen und vakuumieren. Die Beutel etwas kneten, damit die Marinade sich gut
verteilt. Bei 75°C für 90 Minuten im Thermalisierer garen.

- 3 Putenbrustfilets á 300 g
- 300 g Naturjoghurt
- 1 geh. EL Garam Masala
- 2 TL Meersalz
- 4 g rote Lebensmittelfarbe

ROSINENREIS

Die Butter in einem Topf erhitzen und den Reis darin glasig
braten. Nelken, Kardamomkapseln, Zimtstange und Salz
zugeben und unterrühren. Mit Wasser auffüllen und ca.
15 Minuten kochen. Den fertig gegarten Reis durch ein Sieb
abschütten, Gewürze entfernen und zurück in den Topf geben. Rosinen unterrühren.

- 250 g Basmatireis
- 2 EL Butter
- 4 Nelken
- 4 Kardamomkapseln
- 1/2 Zimtstange
- 1 TL Salz
- 50 g Rosinen

GARAM MASALA

Garam Masala ist eine typisch indische Gewürzmischung.
Wenn Sie häufiger indisch kochen, rentiert sich die eigene
Herstellung.

Alle Gewürze (auch die gemahlenen) vermischen und in
einer Mühle möglichst fein mahlen. Durch ein feines Sieb
Schalenreste aussieben. In einem Glas mit Schraubverschluss dunkel und nicht zu warm aufbewahren.

- 2 EL Koriandersamen
- 2 EL Kreuzkümmelsamen
- 2 TL Ingwer, getrocknet
- 1 TL Zimt, gemahlen
- 1 EL schwarze Pfefferkörner
- 1 EL Pimentkörner
- 10 Nelken
- 2 EL Kardamom, gemahlen
- 2 Lorbeerblätter
- 1/2 TL Muskatnuss, gemahlen

LAMMKEULE PROVENÇAL

· 1 Lammkeule
· 2 Zweige Thymian
· 2 Zweige Rosmarin
· 2 Knoblauchzehen
· schwarzer Pfeffer
· Meersalz
· 150 g Suppengemüse,
  gebrauchsfertig

Die Keule waschen, trocken tupfen und ausbeinen. Dabei alles Fett möglichst restlos abschneiden. Das Fleisch so zurechtschneiden und ausbreiten, dass man es zusammenrollen kann. Die Nadeln vom Rosmarin und die Blättchen vom Thymian abzupfen und das Fleisch damit bestreuen. Knoblauch schälen, in dünne Scheiben schneiden und darauf verteilen. Mit Salz und Pfeffer nicht zu stark würzen. Die Keule aufrollen.

Das Suppengemüse klein schneiden und flach in einen Beutel verteilen. Die Keule darauflegen und vakuumieren. Bei 65°C für 20 Stunden im Thermalisierer garen.

Das Fleisch aus dem Beutel nehmen, aufschneiden und auf Tellern anrichten.

Dazu passt die nachfolgende Knoblauchcreme.

KNOBLAUCHCREME

· 400 g Schmand
· 6 Knoblauchzehen
· 1 Bund Schnittlauch
· Salz

Schmand in eine Schüssel geben. Den Knoblauch schälen und hineinpressen. Schnittlauch waschen, in kleine Röllchen schneiden und unterrühren. Mit Salz abschmecken.

Eine 1200 g schwere Lammkeule wiegt nach dem Ausbeinen und Entfernen von Fett noch ca. 700 g.

i

SCHWEINEROULADEN

Die Zwiebel schälen und in sehr feine Würfel schneiden. Die Gurken in feine Streifen schneiden.

Rouladen auf einer Arbeitsfläche auslegen, salzen und pfeffern, mit dem Senf bestreichen und je eine Scheibe Schinken darauflegen. Zwiebelwürfel und Gurkenstreifen darauf verteilen und aufrollen.

Die Rouladen vakuumieren (maximal zwei in einem Beutel) und bei 58°C für eine Stunde im Wasserbad garen lassen.

Zubereitung der Sauce:

Die Zwiebel schälen und sehr fein würfeln. In dem heißen Öl anbraten, mit Zucker bestreuen und das Tomatenmark unterrühren. Alles kräftig rösten. Mit dem Wasser ablöschen und bis zur Hälfte reduzieren. Bratenfond zugeben und nochmals um die Hälfte reduzieren lassen. Pürieren und gegebenenfalls mit etwas Speisestärke binden.

Die Rouladen aus den Beuteln nehmen und auf vorgewärmten Tellern anrichten. Den Sud aus den Tüten in die Sauce rühren und die Rouladen damit nappieren.

Dazu Salzkartoffeln servieren.

· 4 Schweinerouladen
· 4 TL Senf
· 4 Scheiben Schinken
· 2 Gewürzgurken
· 1 Zwiebel
· Salz
· Pfeffer

Zutaten für die Sauce:
· 3 EL Öl
· 1 Zwiebel
· 1 TL Tomatenmark
· 1 Pr. Zucker
· 200 ml Wasser
· 200 ml Bratenfond
· Speisestärke

SAFTIGER SCHWEINEKAMM
MIT SESAMKRUSTE

60 / 2880

- 1 kg Schweinekamm
- 4 Zweige Rosmarin
- 4 Zweige Thymian
- 2 Knoblauchzehen
- 2 Tomaten
- Salz
- Pfeffer
- Mehl
- 1 kleines Ei
- 30 g Sesam, geröstet
- Speisestärke
- etwas trockenen Rotwein
- evtl. Zuckerkulör

Die Tomaten kurz in heißes Wasser legen und häuten. Die Knoblauchzehen schälen und in dünne Scheiben schneiden.

Das Fleisch salzen und pfeffern. Zusammen mit den ganzen Tomaten, den Knoblauchscheiben und den Kräutern in einem Beutel vakuumieren und für 48 Stunden bei 60°C im Wasserbad garen.

Den Beutel öffnen, das Fleisch herausnehmen, in Alufolie wickeln und warm halten. Die Gewürzzweige aus dem Sud nehmen. Den Sud pürieren und in einem Topf aufkochen. Einen Schuss Rotwein zugeben, mit Salz und Pfeffer abschmecken und mit etwas Speisestärke bis zur gewünschten Konsistenz binden.

Das Mehl auf einen flachen Teller stäuben und den Braten mit der großflächigsten Seite darauflegen. Ei mit Sesamkörnern verrühren und dieselbe Seite des Bratens damit panieren. In einer Pfanne mit heißem Öl goldbraun braten. Aufschneiden und mit der Sauce servieren.

Dazu schmecken Salzkartoffeln.

Wem die Farbe der Sauce zu blass ist, kann mit einigen Tropfen Zuckerkulör nachhelfen. Zuckerkulör ist als brauner Lebensmittelfarbstoff völlig unbedenklich zu verwenden, erst recht wenn man das Produkt selbst herstellt:

i

5 EL Zucker in einem Topf bei nicht zu starker Hitze schmelzen. Unter ständigem Rühren dunkel werden lassen. Mit 75 ml heißem Wasser ablöschen (Achtung schäumt!). In einem verschlossenen Gläschen und kühl gelagert hält sich Zuckerkulör über Monate.

GEFÜLLTES SCHWEINEFILET

In die Schweinefilets der Länge nach Taschen schneiden. Den Knoblauch schälen und in hauchdünne Scheiben schneiden. Die Champignons putzen und ebenfalls in Scheiben schneiden. Die Filets innen und außen mit Salz und Pfeffer würzen und mit den Knoblauch- und Champignonscheiben füllen. Einzeln vakuumieren und 60 Minuten bei 58°C im Thermalisierer garen.

Dazu passen Salzkartoffeln und die nachfolgende Sauce.

Zubereitung der Sauce:

Die Butter zerlassen. Eigelb mit Wasser, Zitronensaft und Gewürzen im Wasserbad aufschlagen bis die Masse cremig wird. Nach und nach die flüssige Butter unterschlagen. Das Wasserbad darf nicht zu heiß sein, sonst gerinnt die Sauce.

- 2 Schweinefilets
- 4 Knoblauchzehen
- 8 Champignons
- Salz
- Pfeffer aus der Mühle

Zutaten für die Sauce:
- 150 g Butter
- 3 Eigelb
- 1 EL Wasser
- 1 EL Zitronensaft
- 1 TL Estragon
- 1 TL Worcestersauce
- Salz

KALBSBÄCKCHEN

DER KLASSIKER

- 4 Kalbsbäckchen
- 2 Zweige Thymian
- 2 Schalotten
- 1 TL Szechuanpfeffer
- Meersalz
- 2 EL Öl

Zutaten für den Reis:

- 200 g Risottoreis
- 5 EL Olivenöl
- 1 Zwiebel
- 1 Knoblauchzehe
- 200 ml trockener Weißwein
- 400 ml Rinderfond
- ca. 500 ml Wasser
- 20 g geriebener Hartkäse
- Salz
- Pfeffer

Die Kalbsbäckchen waschen, trocken tupfen und alles Fett abschneiden. Leicht salzen und in heißem Öl kurz von allen Seiten anbraten. Die Blätter vom Thymian abzupfen. Die Schalotten schälen und in dünne Scheiben schneiden. Die Kalbsbäckchen in Form bringen und zusammen mit den anderen Zutaten in einen Beutel geben und vakuumieren.

Für 18 Stunden im Thermalisierer bei 65°C garen. Das Fleisch in Scheiben schneiden und auf einem klassischen Risotto anrichten.

Zubereitung Risottoreis:

Die Zwiebel und die Knoblauchzehe schälen und beide fein hacken. In Olivenöl bei mäßiger Hitze glasig dünsten. Den Reis dazugeben und zwei Minuten andünsten. Mit dem Wein ablöschen und reduzieren, bis kaum noch Flüssigkeit im Topf ist. Rinderfond zugeben und unter Rühren einkochen lassen. Nach und nach Wasser zugeben und weiterrühren.

Nach 15 bis 20 Minuten hat der Reis seine richtige, cremige Konsistenz. Den geriebenen Käse unterrühren und mit Salz und Pfeffer abschmecken.

WÜRZIGE KOHLROULADEN

Die einzelnen Blätter vorsichtig vom Kohlkopf lösen. Den Strunk aus den hellgrünen Blättern herausschneiden und zwei Minuten in kochendem Wasser blanchieren. Herausnehmen, gut abtropfen lassen und mit Küchenkrepp abtupfen.

Das Hackfleisch würzen, gut verkneten und in sechs Portionen teilen. Jeweils zwei bis drei Blätter überlappend auf eine Arbeitsfläche legen. Hackfleisch darauflegen und einwickeln. Jeweils zwei Rouladen in einem Beutel vakuumieren.

Bei 60°C für dreieinhalb Stunden im Thermalisierer garen. Die Rouladen schräg durchschneiden und auf Tellern anrichten.

Dazu passen Salzkartoffeln und eine kräftige braune Jus.

Zubereitung Jus:

Rinderfond zusammen mit Sojasauce und Zwiebel einkochen und um ein Drittel reduzieren. Die kalte Butter untermixen. Mit Salz und Pfeffer abschmecken.

- 1 Kopf Wirsing oder Weißkohl
- 500 g Rinderhack
- Muskat
- Rosenpaprika
- Salz
- Pfeffer

Zutaten für die Jus:
- 300 ml Rinderfond
- 20 ml Sojasauce
- 1 Zwiebel, gewürfelt
- 40 g kalte Butter
- Salz
- Pfeffer

---

i

Je nach Größe des Kohlkopfes rentiert es sich, aus den restlichen Blättern einen Rahmkohl vorzubereiten. Dazu die Blätter klein schneiden, vakuumieren und bis zur Verwendung kühlen oder einfrieren.

1 EL Schmalz in einem Topf erhitzen. 40 g Zwiebelwürfel und 40 g Schinkenwürfel darin anbraten. Kohl zugeben und unterrühren. 200 g Sahne zugeben und 20 Minuten schmoren. Mit Salz und Pfeffer abschmecken.

EIN TRAUM VON FILETSTEAK

· 4 Rinderfiletsteaks
· etwas Butterschmalz
· Salzflocken
· Pfeffer aus der Mühle

Die Steaks einzeln vakuumieren und 30 Minuten bei 58°C im Wasserbad garen, anschließend in einer Pfanne mit sehr heißem Butterschmalz von beiden Seiten scharf anbraten. Drei Minuten ruhen lassen, auf Tellern anrichten und mit Salz und Pfeffer würzen.

Dazu passen Folienkartoffeln und ein grüner Salat mit Sahnedressing.

TAFELSPITZ
AUF PFEFFERSCHAUM

Den Tafelspitz rundherum salzen und pfeffern. Das Suppengemüse putzen und in sehr feine Würfel schneiden. Fleisch und Gemüse in einen Beutel füllen und vakuumieren.

Sechs Stunden bei 56°C in Thermalisierer garen.

Die Schalotte schälen und ganz fein würfeln. Den Wein aufkochen, Zwiebelwürfel zugeben und auf die Hälfte reduzieren. Sahne und Pfefferkörner zugeben und nochmals stark einkochen. Mit Meersalz abschmecken. Die kalte Butter zugeben und mit einem Schneebesen aufschlagen bis die Sauce cremig ist.

Das Fleisch aus dem Vakuumbeutel nehmen, kurz ruhen lassen und aufschneiden. Auf der Sauce anrichten.

- 1 kg Tafelspitz
- 100 g Suppengemüse (Möhre, Lauch, Zwiebel, Sellerie)
- 1 Lorbeerblatt
- 1 Stängel Petersilie
- 1 Schalotte
- 100 ml trockener Weißwein
- 200 ml Sahne
- 1 Gläschen Grüne Pfefferkörner
- 50 g kalte Butter
- Meersalz
- Salz
- Pfeffer aus der Mühle

SAUERBRATEN
MIT SHERRYREDUKTION

60 / 300

- 1 kg Rindfleisch
- 100 ml Himbeeressig
- 100 ml trockener Rotwein
- 100 ml Wasser
- 1 Zwiebel
- 1 Möhre
- 50 g Sellerieknolle
- 5 Wacholderbeeren
- 5 Nelken
- 2 Lorbeerblätter
- 1 EL Salz
- 1 EL Zucker
- 100 ml Sherry medium
- 100 g Schattenmorellen
- 2 EL Öl

Zwiebel und Möhre schälen und in Scheiben schneiden. Sellerie klein schneiden. Zusammen mit den Flüssigkeiten und Gewürzen aufkochen und abkühlen lassen. Das Fleisch mit dem Sud in einem Beutel vakuumieren und bei 60°C für fünf Stunden im Thermalisierer garen.

Das Fleisch aus dem Beutel nehmen und warm halten. Den Sud durch ein Sieb in einen Topf abgießen. Die Schattenmorellen pürieren und durch ein feines Sieb passieren. Zusammen mit dem Sherry in den Sud geben. Aufkochen und um ein Drittel reduzieren lassen.

Das Öl in einer Pfanne oder in einem Bräter erhitzen und den Sauerbraten darin von allen Seiten scharf anbraten. Etwas ruhen lassen, dann in Scheiben schneiden und mit der Sauce anrichten.

Dazu passen Rösti.

RINDERZUNGE
IN PORTWEINSAUCE

Die Zunge waschen und mit einem scharfen Messer häuten. Leicht pfeffern, vakuumieren und bei 65°C für zehn Stunden im Thermalisierer garen.

Die Zunge aus dem Beutel nehmen und in ca. 1 cm dicke Scheiben schneiden und auf Tellern anrichten.

Die Zwiebel schälen, fein hacken und in der Butter anrösten. Mit einem Schneebesen das Mehl unterrühren. Tomatenmark zugeben und mit dem Rotwein ablöschen. Portwein und Wasser zugeben und mit Salz und Pfeffer abschmecken.

Dazu passen Semmelknödel.

- 1 Rinderzunge, gepökelt
- 1 Zwiebel
- 40 g Butter
- 40 g Mehl
- 1 EL Tomatenmark
- 200 ml Rotwein
- 200 ml Portwein
- 100 ml Wasser
- weißer Pfeffer
- Salz

DAS FEINSTE VOM OCHSENSCHWANZ

Den Ochsenschwanz an den Gliedern durchschneiden (oder vom Metzger vorbereiten lassen). Zusammen mit Suppengemüse, Zwiebel, Sojasauce, Pfeffer, Salz und Wasser vakuumieren. Für zehn Stunden bei 85°C im Wasserbad garen.

Den Beutel öffnen, den Inhalt in ein Sieb gießen und abtropfen lassen. Die Brühe in einem extra Topf auffangen. Das Fleisch von den Knochen abschaben und wieder zum Gemüse geben. Warm halten.

Die Brühe erhitzen. Wenn sie zu fettig ist, mit einem Papierküchentuch degraissieren. Die Eidotter vorsichtig in die Brühe geben und zwei Minuten darin ziehen lassen.

Einen runden Anrichtering in die Mitte eines Suppentellers stellen, mit der Fleisch-Gemüsemasse füllen, fest andrücken und den Ring vorsichtig abheben. Drei weitere Teller entsprechend vorbereiten. Die Brühe vorsichtig angießen und je ein Eidotter auf das Fleisch setzen. Mit etwas Muskat bestreuen.

- 1 kg Ochsenschwanz
- 200 g Suppengemüse, fein gewürfelt
- 1 Zwiebel, fein gewürfelt
- 6 EL Sojasauce
- 1 TL schwarzer Pfeffer
- 1 TL Meersalz
- 2 l Wasser
- 4 Eidotter
- Muskat

i

Die kalte Variante:

Die Eidotter weglassen. Ansonsten das Gericht genauso zubereiten und die Teller kalt stellen. Durch den hohen Anteil an Gelatine in den Knochen geliert die Brühe und wird zu feinstem Aspik.

REHBLATT
MIT WILDJUS UND ROTWEINWÜRFELN

- 2 Rehblätter
- 2 Tomaten
- 500 ml Wildfond
- 250 ml trockener Rotwein
- 3 Blatt Gelatine
- 1 EL Wildgewürz
- Salz

Die Rehblätter auslösen, von Fett und Silberhäuten befreien und rundherum würzen. Das Fleisch in Form drücken. Je ein Blatt in einen Beutel geben. Die Tomaten in Scheiben schneiden und mit dem Fleisch vakuumieren. Für 24 Stunden bei 68°C im Wasserbad garen.

Den Rotwein kurz aufkochen. Die Gelatine in kaltem Wasser einweichen, ausdrücken und in den heißen Wein rühren. Nicht mehr kochen. In eine flache Form füllen und kalt stellen. Wenn das Gelee fest ist, die Form kurz in heißes Wasser tauchen und das Gelee in Würfel scheiden.

Den Wildfond aufkochen und um die Hälfte reduzieren lassen.

Die Rehblätter aufschneiden und auf Teller verteilen. Etwas Jus und einige Rotweinwürfel dazu anrichten.

Dazu passen die Butterkartoffeln von Seite 105.

TIPP:

Wer sich das Auslösen der Blätter nicht zutraut, kauft am besten gleich beim Jäger und bittet ihn, die Blätter vorzubereiten.

Gewicht pro Blatt:

Mit Knochen = ca. 1000 g
Ohne Knochen = 600-700 g
Gegart = 450-500 g (ohne Sous-vide-Technik)

i

HIRSCHRÜCKEN
MIT ROTWEINSAUCE

Den Hirschrücken waschen und trocken tupfen. Alle Silberhäute entfernen. Leicht salzen und mit den Gewürzen vakuumieren. Bei 60°C für 50 Minuten im Thermalisierer garen. Das Fleisch aus dem Beutel nehmen. Gewürze abstreifen und in einer Pfanne mit heißem Öl rundherum kurz anbraten. Schräg aufschneiden und auf Tellern anrichten.

Das Suppengrün in der Butter anrösten, mit dem Rotwein ablöschen, Wildfond zugeben und stark einkochen. Durch ein Sieb abgießen, die kalte Butter zugeben und mit einem Pürierstab aufschlagen.

Dazu passen die Butterkartoffeln von Seite 105.

- 1 kg Hirschrücken
- 400 ml trockener Rotwein
- 100 ml Wildfond
- Öl
- 1 Lorbeerblatt
- 4 Nelken
- 4 Wacholderbeeren
- 1/2 Knoblauchzehe
- etwas Meersalz
- 50 g Suppengrün
- 20 g Butter
- 50 g kalte Butter
- Salz
- Pfeffer

95

BEILAGEN

SEMMELKNÖDEL

- 6 altbackene Brötchen
- 250 ml Milch
- 20 g Butter
- 3 Eier
- 2 EL Petersilie, gehackt
- Salz
- Pfeffer

Die Brötchen in Würfel schneiden, in eine Schüssel geben und mit der Milch übergießen. Die Butter in Flöckchen, Ei und Petersilie zugeben. Mit Salz und Pfeffer nicht zu stark würzen und alles gut verkneten. Zehn Minuten ziehen lassen und nochmals durchkneten.

Aus dem Teig Knödel formen, vakuumieren und bei 85°C für eine Stunde im Wasserbad garen.

Knödel aus dem Beutel nehmen und halbiert servieren.

Diese Knödel lassen sich durch Zugabe von Aromaträgern vielfach variieren:

- Kräuterknödel: eine Handvoll fein gehackter Kräuter
- Tomatenknödel: 20 g getrocknete Tomaten, sehr fein geschnitten
- Nussknödel: 50 g gehackte Walnüsse
- Fruchtknödel: 50 g getrocknete Früchte, sehr fein geschnitten
- Speckknödel: 50 g Rauchfleisch gewürfelt und angebraten
- Vanilleknödel: Mark einer Vanilleschote
- Maronenknödel: 100 g Maronenpüree

Butterkartoffeln

85 / 100

Die Kartoffeln schälen, waschen und in ca. 1 cm große Würfel schneiden. Mit Salz bestreuen und zusammen mit der Butter vakuumieren. Bei 85° C für 100 Minuten im Wasserbad garen.

- 600 g Kartoffeln
- 60 g Butter
- 1/2 TL Salz

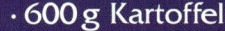

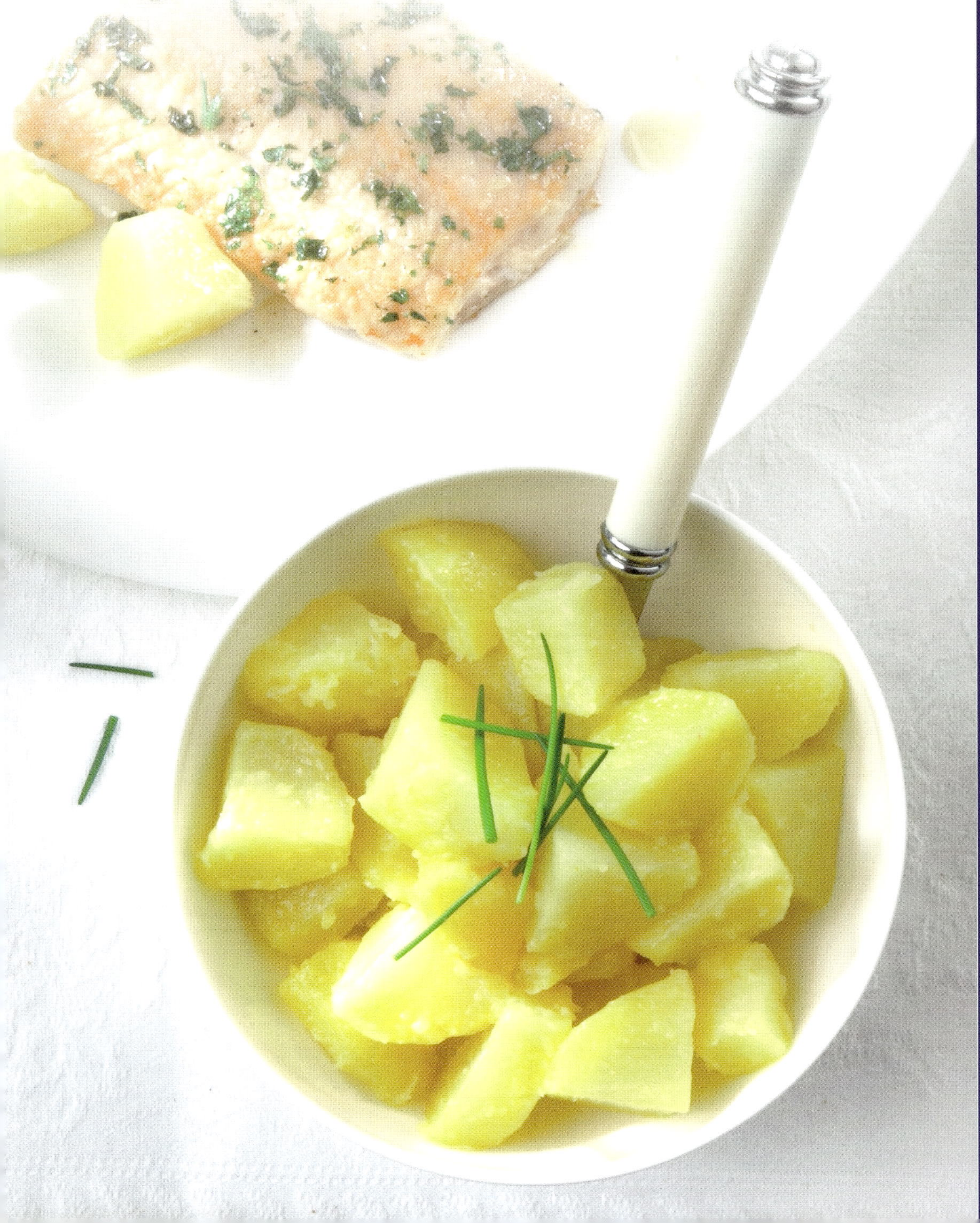

SAHNIGE SÜßKARTOFFELN

85 / 45

- 600 g Süßkartoffeln
- 200 g Crème fraîche
- Salz
- Pfeffer
- Muskat

Die Kartoffeln schälen und in ca. 1 cm dicke Scheiben schneiden. Nebeneinander in einen Vakuumbeutel legen. Crème fraîche mit den Gewürzen abschmecken und über die Kartoffelscheiben verteilen. Den Beutel vakuumieren und die Kartoffeln bei 85°C im Wasserbad für 45 Minuten garen.

KARTOFFELPÜREE

Die Kartoffeln schälen, waschen und klein schneiden. In einen Beutel geben und vakuumieren. Bei 85°C im Wasserbad für 100 Minuten garen.

Die Kartoffeln in einen Topf schütten, Butter in Stückchen schneiden, zugeben und stampfen. Die Milch mit einem Löffel unterrühren. Mit Salz und Muskat abschmecken.

· 600 g Kartoffeln
· 200 g Butter
· 100 ml heiße Milch
· Salz
· Muskatnuss

PFIFFERLINGE A LA CRÉME

85 / 45

· 400 g Pfifferlinge
· 120 g Kochschinken
· 200 g Sahne
· 3 EL Petersilie, gehackt
· Meersalz
· Pfeffer aus der Mühle

Die Pfifferlinge trocken putzen. Den Kochschinken in kleine Würfel schneiden.

Petersilie und Gewürze in die Sahne rühren. Pilze und Sahne in einem Beutel vakuumieren und 45 Minuten bei 85°C im Wasserbad garen.

BLUMENKOHL

Vom Blumenkohl alle Blätter abschneiden, den Kopf in Röschen teilen und waschen. Mit der Butter in einen Vakuumbeutel geben. Salz und Muskat darüberstreuen und vakuumieren. Bei 85˚C für eine Stunde garen.

- · 1 Kopf Blumenkohl
- · 40 g Butter
- · 1/2 TL Meersalz
- · etwas Muskatnuss, gerieben

103

CHICORÉE SÜßSAUER

85 / 45

· 4 kleine Chicorée
· 2 EL Honig
· 2 EL weißer Balsamico

Die Chicorées waschen, putzen und halbieren. Honig und Essig verrühren und die Chicorées damit einpinseln. In Beutel vakuumieren und bei 85°C für 45 Minuten im Wasserbad garen.

FENCHEL

85 / 60

· 2 Fenchelknollen
· 100 ml Weißwein
· Salz

Den Fenchel waschen, putzen und der Länge nach durchschneiden. Leicht salzen und zusammen mit dem Weißwein vakuumieren. Bei 85°C für eine Stunde im Wasserbad garen. Zum Servieren fächerartig aufschneiden.

KAISERSCHOTEN

Die Erbsenschoten waschen und leicht salzen. Zusammen mit der Butter und dem Rosa Pfeffer in einem großen Beutel flach liegend vakuumieren. Bei 85°C für 90 Minuten im Wasserbad garen.

· 400 g Erbsenschoten
· 40 g Butter
· 2 TL Rosa Pfeffer
· Salz

AUBERGINENSCHEIBEN

85 / 75

· 4 kleine Auberginen
· 2 Knoblauchzehen
· Olivenöl
· Salz

Die Auberginen waschen, Stielende abschneiden und längs in ca. 1 cm dicke Scheiben schneiden. Leicht salzen und zwei Minuten ausweinen lassen.

Die Knoblauchzehen schälen und in hauchdünne Scheiben schneiden. Auberginenscheiben mit Küchenkrepp abtupfen und mit den Knoblauchscheiben belegen. In Beutel vakuumieren und bei 85°C für 75 Minuten im Thermalisierer garen.

Danach aus dem Beutel nehmen und in einer Pfanne mit heißem Olivenöl auf einer Seite kurz anbraten.

BABYMÖHRCHEN MIT INGWER

· 12 Babymöhrchen
· Salz
· Ingwerpulver
· 10 g Butter

Die Möhrchen schälen und leicht mit Salz und Ingwerpulver würzen. So in einen Beutel vakuumieren, dass sie nicht zu dicht aneinanderliegen. Bei 85°C für 50 Minuten im Wasserbad garen. Die Butter schmelzen und die Möhrchen vor dem Anrichten damit glacieren.

ZUCCHINI-SPAGHETTI

Die Zucchini waschen und mit einem Spiralschneider in Fäden schneiden. Oregano und etwas Meersalz untermischen. In einem Beutel vakuumieren und bei 85°C im Wasserbad für 30 Minuten garen.

· 2 Zucchini á 250 g
· 1 TL Oregano
· Meersalz

RATATOUILLE

85 / 60

Das Gemüse waschen, putzen und in mundgerechte Stücke schneiden. Vom Rosmarin die Nadeln, von Thymian und Salbei die Blättchen abzupfen und mit dem Gemüse vermischen. Olivenöl zugeben, mit Salz und Pfeffer sparsam würzen und alles zusammen vakuumieren. Bei 85°C eine Stunde im Thermalisierer garen.

· 1 rote Paprikaschote
· 1 gelbe Paprikaschote
· 2 Zwiebeln
· 1 Zucchini
· 1 Aubergine
· 2 Tomaten
· 3 EL Olivenöl
· 1 Zweig Rosmarin
· 1 Zweig Thymian
· 1 Zweig Salbei
· Meersalz
· Schwarzer Pfeffer

Desserts

BANANEN

MIT GERÖSTETEN MANDELN UND SCHOKOLADE

60 / 30

Die Babybananen schälen und längs halbieren. Die Schokolade zerbröseln. Jeweils zwei Bananenhälften mit einem Viertel der Schokolade vakuumieren und bei 60°C für 30 Minuten in den Thermalisierer geben.

Die Mandelblättchen in einer beschichteten Pfanne ohne Fett golden anrösten.

Die Bananenhälften aus den Beuteln nehmen und auf dem Dessertteller anrichten, mit den gerösteten Mandelblättchen bestreuen.

· 4 Babybananen
· 100 g dunkle Schokolade
· 100 g Mandelblättchen

SPICY ANANAS

65 / 20

- 1 frische Ananas
- Zimt
- Tonkabohne, gemahlen
- Whisky
- 200 g Schlagsahne
- Curcuma

Von der Ananas die Blätter und den unteren Strunk gerade abschneiden. Die Frucht hinstellen und rundherum von oben nach unten großzügig abschälen. In vier gleich dicke Scheiben schneiden. Den Strunk in der Mitte ausstechen oder vorsichtig ausschneiden. Jede Scheibe mit einem anderen Gewürz bestreuen und die Scheiben einzeln vakuumieren.

Bei 65°C für 20 Minuten ins Wasserbad geben. Herausnehmen und vierteln. Je ein Viertel einer Scheibe auf Tellern anrichten.

Die Sahne steif schlagen und dazu servieren.

Versuchen Sie auch folgende Aromen:

- *gemahlene Haselnuss*
- *Rum*
- *Safran*
- *Pfeffer aus der Mühle*

i

PAPAYA MIT LEBKUCHENQUARK

Die Papayas waschen, schälen, halbieren und die Kerne entfernen. In einem Beutel vakuumieren und für 30 Minuten bei 70°C im Thermalisierer garen.

Den Quark in einer Schüssel mit dem Zucker und dem Lebkuchengewürz verrühren. Die Sahne steif schlagen und unterheben.

Das Malzbier mit Xanthan verdicken.

Die Quark-Sahnemischung auf Teller verteilen. Je eine Papayahälfte daraufsetzen und mit dem Malzbier dekorieren.

- 2 reife Papayas
- 250 g Magerquark
- 2 EL Zucker
- 2 TL Lebkuchengewürz
- 200 g Schlagsahne
- 100 ml Malzbier
- 1 g Xanthan

BLACK FORREST IM GLAS

- 1 kl. Bisquitboden
- 1 TL Kaffeepulver (Instant)
- 1 cl Kirschwasser
- 1 Glas Schattenmorellen
- 1 Msp. Vanillemark
- 400 g Mascarpone
- 4 TL Zucker
- 2 EL Kakao

Mit vier schweren Gläsern Kreise aus dem Bisquitboden ausstechen und den Kuchen bis auf die Glasböden drücken. Das Kaffeepulver darüberstreuen und mit Kirschwasser beträufeln.

Die Kirschen in ein Sieb schütten, gut abtropfen lassen und in die Gläser verteilen. Zucker und Vanillemark unter die Mascarpone rühren und auf die Kirschen geben. Die Gläser mit Frischhaltefolie abdecken und die Folie fest andrücken. Je ein Glas stehend in einen Beutel vakuumieren. Bei 55°C für 30 Minuten im Wasserbad erhitzen.

Vor dem Servieren mit dem Kakao bestäuben.

Schmeckt warm oder kalt. Solange das Dessert warm ist, bleibt die Mascarpone flüssig. Nach Erkalten ist sie wieder fest.

i

RHABARBER-ROSINEN AUF ERDBEERSPIEGEL

Den Rhabarber in Scheiben schneiden, mit den Rosinen vermischen und in einen Beutel füllen. Vakuumieren und bei 60°C für eine Stunde in den Thermalisierer legen.

Die Erdbeeren pürieren (gegebenenfalls mit Zucker süßen). Das Püree auf Teller streichen und die Rhabarber-Rosinen darauf verteilen.

· 300 g Rhabarber, geputzt
· 60 g Rosinen
· 200 g Erdbeeren

121

„Hier wird Sous-vide gegart"

Die Spitzenköche Micky Durach und Stefan Krebs bieten regelmäßig Sous-vide-Kochkurse an.

TRÜFFELAROMATISIERTES RIB-EYE-STEAK MIT SELLERIEPÜREE

Rezept: Stefan Krebs
(Kochschule im Märchenhotel)

KREBS KOCHT!
Die Kochschule   im Märchenhotel

· 4 Rib-Eye-Steaks á 250 g
  (gut abgehangen)
· 4 EL Trüffelöl
· 2 Zweige Rosmarin
· etwas Räuchersalz
· etwas Olivenöl

Zutaten für das Püree:
· 400 g Knollensellerie
· 100 ml Hühnerbrühe
· 50 ml Sahne
· 2 Schalotten
· 3 EL Sahne, geschlagen
· 1 unbehandelte Limone
· Meersalz

Steaks mit Trüffelöl einreiben und mit Räuchersalz würzen. Die Steaks mit dem Rosmarinzweig in einen Beutel geben und vakuumieren.

Bei 57°C für zwei Stunden pochieren. Danach aus dem Beutel nehmen und mit einem Küchentuch abtupfen. Die Steaks in Olivenöl kurz von beiden Seiten anbraten.

Zubereitung Selleripüree:

Sellerie schälen und in grobe Würfel schneiden, salzen und mit der Brühe vakuumieren.

Das Ganze bei 80°C eine Stunde im Wasserbad garen und danach sofort in Eiswasser herunterkühlen.

Schalotten schälen und fein würfeln. In Butter glasieren, dann den Sellerie inklusive Fond aus dem Beutel dazugeben. Abrieb von der Limone und etwas Saft dazugeben, eventuell etwas nachsalzen.

Im Mixer zu einer leicht cremigen Masse verarbeiten. (Sollte ein Thermomix vorhanden sein, dann 8 Minuten bei 80°C auf Stufe 4 pürieren.)

Nach dem Vorgang zügig Sahne unterrühren und sofort servieren.

HÜHNERSUPPE „HOT & SPICY"

Rezept: Stefan Krebs
(Kochschule im Märchenhotel)

- 2 kg Hähnchenflügel
- 30 ml gute Sojasauce
  (z. B. von Kikkoman)
- 2 frische Zweige Majoran
- 1 Möhre
- 200 g Kürbisfleisch
- 10 Kirschtomaten
- 1 Chilischote (mittelscharf)
- 1 Bund Schnittlauch
- 1 Schuss Sherry sweet
- Meersalz
- Pfeffer

i

Auch Chickenwings können im Sous-vide-Verfahren hergestellt werden. In diesem Fall entnimmt man die Flügel nach dem pochieren, tupft sie mit einem Tuch ab, würzt diese und brät sie auf einem Grill bei großer Hitze kurz kross. Wunderbar geeignet zur „Á la minute"-Zubereitung. Als Nebenprodukt hat man in diesem Fall eine feine Hühnerbrühe gewonnen.

Ein Kilo Hähnchenflügel, 1,5 Liter Wasser, Sojasauce und einen Zweig Majoran in einen Vakuumbeutel füllen. Beutel nur kurz vakuumieren. Zuerst 15 Minuten bei 85°C garen lassen, dann bei 65°C für drei Stunden weiter ziehen lassen.

Nach dem Garvorgang den Fond durch ein Tuch passieren. Die Hähnchenflügel zur Seite legen.

Möhren schälen und mit dem Kürbisfleisch und der Chilischote in feine Scheiben schneiden.

Die Hühnerbrühe mit den restlichen rohen Flügeln, den Möhren-, Kürbis-, Chilischeiben und dem anderen Zweig Majoran in einen neuen Beutel füllen. Das Ganze wie zuvor kurz vakuumieren. Den Beutel erst 25 Minuten bei 85°C garen lassen, dann bei 65°C für 3 Stunden weiter ziehen lassen.

Nach dem Garvorgang den Fond durch ein Tuch gießen. Die Hähnchenflügel zur Seite legen. Gemüse wieder zur Brühe geben.

Den Schnittlauch waschen und in feine Röllchen schneiden, die Tomaten kurz blanchieren und die Haut abziehen.

Das Fleisch von allen Hähnchenflügeln lösen und grob klein schneiden. Zusammen mit den Cherrytomaten zur Brühe geben. Das Ganze erhitzen und nach Belieben mit Meersalz und Pfeffer würzen und mit Sherry verfeinern.

Kurz vor dem Servieren den Schnittlauch dazugeben.

ANANAS-KROKANT
MIT JOGHURTEIS

62 / 20

Rezept: Stefan Krebs
(Kochschule im Märchenhotel)

- 1 reife Ananas
- 100 g weißer Zucker
- 100 g brauner Zucker
- 50 g Walnüsse
- 200 ml Sahne
- 1 TL Räucheröl
- 1 Zimtblüte, gemörsert

Zutaten Joghurteis:
- 300 g Naturjoghurt
- 200 ml Sahne
- 60 g Zucker
- 2 Eier (trennen)

Ananas schälen, in Scheiben schneiden und Strunk ausstechen. Zucker schmelzen lassen und gehackte Walnüsse dazugeben, mit Sahne aufgießen und etwas kochen lassen. Räucheröl und zerstoßene Zimtblüten dazugeben.

Alle Zutaten in einen Beutel geben und vakuumieren. Bei 62°C ca. 20 Minuten garen.

Zubereitung Joghurteis:

Zucker in der Sahne auflösen, dann den Joghurt unterrühren. Die zwei Eigelb kalt schlagen und unterheben. Das Eiweiß zu Schnee schlagen und unterheben.

Die Eismasse in der Eismaschine gefrieren lassen.

Ananas aus dem Beutel nehmen, auf Tellern verteilen und den Sirup darüberträufeln.

Das Joghurteis dazu anrichten und sofort servieren.

ROULADE VOM LANDHUHN

80 / 50

*Rezept: Micky Durach
(DIE KOCHWERKSTATT
im Restaurant VINUM
im Hotel Kleber Post)*

KLEBER POST
Pure Lebensfreude

- 4 Stück Hühnerbrust
  á ca. 130 g
- 30 g Morcheln
  (für 20 Minuten in warmes
  Wasser einweichen)
- 100 ml Bratenjus
- 150 g Sahne
- 15 g Zwiebelwürfel
- 20 g Butter
- 1 große Karotte
- 1 EL Cognac
- Salz
- Pfeffer

Die Morcheln fein hacken und mit Zwiebelwürfeln und Butter in einer Pfanne kurz anschwitzen, mit Cognac flambieren, mit Bratenjus ablöschen und reduzieren. Danach kalt stellen.

Die Hühnerbrüste von der Haut befreien und der Länge nach halbieren. Von eineinhalb Brüsten und der Haut im Mixer eine Farce mit Sahne mixen. Diese mit Salz und Pfeffer würzen und die erkaltete Morchelreduktion mit einem Holzlöffel kräftig unter die Masse schlagen.

Die geschälte Karotte in feine Streifen schneiden und anschließend blanchieren. Die Karottenstreifen auf eine Frischhaltefolie schichten und das Geflügelbrät darauf verteilen und die gewürzten Hühnerbrüste darauf legen. Das Ganze vorsichtig einrollen.

Die Rolle noch zusätzlich in Alufolie fest einrollen. Wichtig dabei ist, dass die Roulade fest und gleichmäßig in Alufolie eingewickelt wird, damit sie sich beim Garen nicht verformt. Das Ganze im Sous-vide-Wasserbad bei 80°C ca. 50 Minuten pochieren.

Danach die Roulade auspacken und in gleichmäßig große Tranchen schneiden und mit Saisongemüse und Morchelsauce servieren.

FONDS

FISCHFOND

- 1 kg Fischkarkassen
- 1 l Wasser
- 50 ml Noilly Prat
- 1 Schalotte
- 1/2 Zitrone
- 1 TL Fenchelsamen
- 1 Lorbeerblatt
- 50 ml trockener Weißwein

Die Schalotte schälen und in Scheiben schneiden. Die Zitrone ebenfalls in Scheiben schneiden. Alle Zutaten außer den Wein in einen Topf geben und einmal aufkochen. Gut abkühlen lassen, vakuumieren und bei 60°C für zwei Stunden garen.

Durch ein Tuch passieren, in einen Topf gießen, den Wein zugeben und den Fond um ein Drittel reduzieren.

Gekühlt aufbewahren.

FISCHFOND GEKOCHT

- 1 kg Fischkarkassen
- 100 g Sellerie
- 1/2 Fenchelknolle
- 100 g Lauch
- 1 Stängel Petersilie
- 2 Lorbeerblätter
- 10 Senfkörner
- Wasser

Sellerie, Fenchel und Lauch putzen und klein schneiden. Alle Zutaten in einen Topf geben und mit kaltem Wasser auffüllen, bis alles bedeckt ist. Aufkochen und zwei Stunden bei milder Hitze kochen.

Durch ein feines Sieb passieren und gekühlt aufbewahren.

GEFLÜGELFOND

Die Knochen mit einem Küchenbeil zerhacken und in kaltem Wasser zusammen mit dem Suppengemüse aufsetzen. Einmal aufkochen und abkühlen lassen. Sojasauce unterrühren und alles in einen Beutel füllen und vakuumieren. Bei 60°C für zwei Stunden ins Wasserbad geben. Beutel herausnehmen und den Inhalt durch ein feines Sieb oder ein Tuch gießen.

Den Fond in einem verschließbaren Glas kühl aufbewahren.

- 1 kg Geflügelknochen (alternativ Hähnchenflügel)
- 1 l Wasser
- 100 g Suppengemüse
- 25 ml Sojasauce

GEFLÜGELFOND GEKOCHT

Das Gemüse putzen und klein schneiden. Die Geflügelknochen mit einem Beil zerhacken. Alle Zutaten in einen hohen Topf geben, mit Wasser auffüllen, bis die Knochen bedeckt sind. Einmal aufkochen und bei milder Hitze zwei Stunden köcheln. Zwischendurch abschäumen. Durch ein feines Sieb abgießen.

Kühl aufbewahren.

- 1 kg Geflügelknochen (alternativ Hähnchenflügel)
- 1 Möhre
- 100 g Sellerie
- 1 Zwiebel
- 2 Lorbeerblätter
- 1 Stängel Petersilie
- Wasser

RINDERFOND

- 1 kg Rinderknochen
- 200 g Suppengemüse
- 1 Tomate
- 1 Knoblauchzehe
- 2 Lorbeerblätter
- 10 Pfefferkörner
- 1 Zweig Thymian
- 50 ml Sojasauce
- 1,5 l Wasser

Das Suppengemüse putzen und klein schneiden. Die Tomate vierteln. Den Knoblauch schälen. Alle Zutaten in einen Topf geben und einmal aufkochen. Abkühlen lassen, vakuumieren und bei 85°C für zehn Stunden im Wasserbad garen. Durch ein feines Sieb abgießen. Kühl lagern.

RINDERFOND GEKOCHT

- 1 kg Rinderknochen
- 500 g Fleischabschnitte
- 4 EL Öl
- 300 g Suppengemüse
- 2 TL Tomatenmark
- 1/2 l trockener Rotwein
- 1 Zweig Thymian
- 3 Stängel Petersilie
- 2 Lorbeerblätter
- 3 Liebstöckelblätter

Die Knochen mit einem Beil zerhacken (oder vom Metzger hacken lassen) und zusammen mit den Fleischabschnitten in einen großen Bräter geben. Das Ganze mit dem Öl übergießen und in den Backofen schieben. Bei höchster Stufe rösten, dabei ab und zu durchrühren.

Wenn die Knochen eine schöne dunkle Farbe haben, das klein geschnittene Suppengemüse zugeben und zehn Minuten mit rösten. Den Topf auf den Herd stellen, das Tomatenmark zugeben und unter Rühren rösten. Mit dem Rotwein ablöschen und einkochen lassen. Wasser zugeben, bis die Knochen bedeckt sind (mindestens 3 Liter), und sechs Stunden köcheln. Gewürze zugeben und weitere zwei Stunden köcheln. Durch ein feines Sieb abseihen.

Kühl lagern.

LAMMFOND

Das Suppengemüse putzen und klein schneiden. Die Tomate vierteln. Den Knoblauch schälen. Alle Zutaten in einen Topf geben und einmal aufkochen. Abkühlen lassen, vakuumieren und bei 85°C für zehn Stunden im Wasserbad garen. Durch ein feines Sieb abgießen. Kühl lagern.

- 1 kg Lammknochen
- 300 g Suppengemüse
- 1 Tomate
- 3 Knoblauchzehen
- 2 Lorbeerblätter
- 10 Pfefferkörner
- 1 Zweig Thymian
- 1 Zweig Petersilie
- 50 ml Sojasauce
- 1,5 l Wasser

LAMMFOND GEKOCHT

Die Knochen mit einem Beil zerhacken (oder vom Metzger hacken lassen) und zusammen mit den Fleischabschnitten in einen großen Bräter geben. Das Ganze mit dem Öl übergießen und in den Backofen schieben. Bei höchster Stufe rösten, dabei ab und zu durchrühren.

Wenn die Knochen eine schöne dunkle Farbe haben, das klein geschnittene Suppengemüse zugeben und zehn Minuten mit rösten. Den Topf auf den Herd stellen, das Tomatenmark zugeben und unter Rühren rösten. Mit dem Rotwein ablöschen und einkochen lassen. Wasser zugeben, bis die Knochen bedeckt sind (mindestens 3 Liter), und sechs Stunden köcheln. Gewürze zugeben und weitere zwei Stunden köcheln. Durch ein feines Sieb abseihen.

Kühl lagern.

- 1 kg Lammknochen
- 500 g Fleischabschnitte
- 4 EL Öl
- 300 g Suppengemüse
- 3 Knoblauchzehen
- 2 TL Tomatenmark
- 200 ml trockener Rotwein
- 1 Zweig Thymian
- 3 Stängel Petersilie
- 2 Lorbeerblätter
- 3 Liebstöckelblätter

WILDFOND

- 1 kg Wildknochen und Parüren
- 4 EL Öl
- 1 Zwiebel
- 1 Möhre
- je 1 Stück Sellerie und Lauch
- 2 Stängel Petersilie
- 20 g getrocknete Tomaten
- 1 Knoblauchzehe
- 10 Wacholderbeeren
- 2 Lorbeerblätter
- 6 Pfefferkörner
- 150 ml trockener Rotwein
- 100 ml Ketjap Manis
- 1 l Wasser

Die Knochen mit einem Beil zerhacken und zusammen mit den Parüren in heißem Öl kräftig anbraten. Das geputzte und klein geschnittene Suppengemüse kurz mitrösten. Mit dem Rotwein ablöschen.

Gewürze, Ketjap Manis und Wasser zugeben. Den Sud einmal aufkochen, etwas abkühlen lassen und vakuumieren. Bei 85°C für drei Stunden im Thermalisierer garen. Abseihen und gekühlt aufbewahren.

WILDFOND GEKOCHT

- 1 kg Wildknochen
- 500 g Parüren
- 4 EL Öl
- 300 g Suppengemüse
- 4 EL Tomatenmark
- 1/2 l Rotwein
- 1 Zweig Thymian
- 3 Stängel Petersilie
- 4 Lorbeerblätter
- 3 Liebstöckelblätter
- 10 Wacholderbeeren
- 10 Pimentkörner

Die Knochen mit einem Beil zerhacken und zusammen mit den Parüren in heißem Öl kräftig anbraten. Das geputzte und klein geschnittene Suppengemüse und das Tomatenmark kurz mitrösten. Mit dem Rotwein ablöschen.

Mit Wasser auffüllen, bis die Knochen bedeckt sind und sechs Stunden kochen, dabei nach fünf Stunden die Gewürze zugeben. Wenn der Fond zu stark einkocht, etwas Wasser auffüllen.

Abseihen und gekühlt aufbewahren.

GEMÜSEFOND

Das Suppengemüse putzen und die Kräuter waschen und alles klein schneiden. Zusammen mit den übrigen Zutaten vakuumieren und bei 85°C für vier Stunden im Wasserbad garen. Durch ein feines Sieb abgießen.

Kühl aufbewahren.

- 1 kg Suppengemüse (Möhre, Sellerie, Lauch, Zwiebel)
- 1 Bund Petersilie
- 1 Bund Liebstöckel
- 10 Pfefferkörner
- 3 Nelken
- 3 Wacholderbeeren
- 3 Pimentkörner
- 1,5 l Wasser

GEMÜSEFOND GEKOCHT

Das Suppengemüse putzen und die Kräuter waschen und alles klein schneiden. Die Tomaten vierteln. Den Knoblauch schälen. Alle Zutaten mit kaltem Wasser aufsetzen. Aufkochen und zwei Stunden sanft köcheln lassen. Durch ein feines Sieb abgießen.

Kühl aufbewahren.

- 1 kg Suppengemüse (Möhre, Sellerie, Lauch, Zwiebel)
- 2 Tomaten
- 2 Knoblauchzehen
- 1 Bund Petersilie
- 1 Bund Liebstöckel
- 10 Pfefferkörner
- 2 Lorbeerblätter
- 3 Pimentkörner
- Wasser

CONFITS

FRISCH CONFIERTER THUNFISCH AN ZWIEBEL-WEISSWEINSAUCE

· 600 g Thunfischfilet
· 1 l Olivenöl
· 2 Schalotten,
  fein gewürfelt
· 2 EL Butter
· 2 EL Mehl
· 200 ml trockener
  Weißwein
· Salz
· Pfeffer

Das Thunfischfilet in ca. 1 cm dicke Scheiben schneiden, salzen und 10 Minuten ziehen lassen. Danach trocken tupfen.

Das Öl im Sous-vide-Gerät auf 65°C erhitzen und die Thunfischscheiben darin 20 Minuten garen. Die Butter in einem Topf zerlassen und die Zwiebelwürfel darin glasig dünsten. Mit dem Mehl bestäuben und verrühren. Weißwein mit einem Schneebesen unterrühren. Mit Salz und Pfeffer abschmecken.

Die Sauce auf vorgewärmte Teller verteilen und die Thunfischstücke daraufsetzen. Mit Reis servieren.

FRISCH CONFIERTE GARNELEN

70 / 5-8

Das Öl auf 70°C erhitzen. Die Garnelen salzen und fünf Minuten ziehen lassen. Trocken tupfen und für 5 bis 8 Minuten in das Öl geben. Herausnehmen und in 4 feuerfeste Schälchen verteilen.

Knoblauch und Estragon in die Hollandaise rühren und die Garnelen damit nappieren. Mit Semmelbröseln bestreuen und 5 Minuten bei 200°C überbacken. Mit Toast servieren.

- 300 g Garnelen
- 500 ml Olivenöl
- Salz
- 120 ml Sauce hollandaise
- 2 Knoblauchzehen, fein gehackt
- 1 TL Estragon
- 2 EL Semmelbrösel

CONFIERTE ENTENKEULEN

- 4 Entenkeulen
- 2 EL Meersalz
- Schwarzer Pfeffer, geschrotet
- 1 Zweig Rosmarin
- 1 Zweig Thymian
- 1 Knoblauchzehe
- Schalenabrieb einer halben Orange
- 1 kg Gänseschmalz

Rosmarin, Thymian und Knoblauch klein schneiden. Die Keulen mit dem Salz und den Gewürzen einreiben, in einen Plastikbeutel geben, den Orangenabrieb darüber verteilen, vakuumieren und mindestens zwei Stunden marinieren lassen.

Das Gänseschmalz im Sous-vide-Gerät auf 90°C erhitzen. Die Keulen mit den Gewürzen aus dem Beutel nehmen, in ein Sieb geben und abtropfen lassen. Dann alles zusammen in das Fett geben und vier Stunden garen. Die Keulen herausnehmen und mit den Knochen nach oben in ein schmales hohes Gefäß stellen. Das Gänsefett darübergießen. Alles Fleisch muss bedeckt sein. Im Kühlschrank eine Woche ziehen lassen.

Zum Verzehr das Fett von den Keulen streifen. Die Keulen schmecken kalt oder in einer Pfanne rundherum knusprig gebraten.

GÄNSECONFIT

Das Gänsefleisch in mundgerechte Stücke schneiden, mit dem Salz bestreuen, vakuumieren und mindestens zwei Stunden marinieren lassen. Anschließend in einem Sieb abtropfen lassen. Das Schmalz im Sous-vide-Gerät auf 80°C erhitzen. Das Fleisch und alle Gewürze zugeben und dreieinhalb Stunden garen lassen.

Das Fleisch mit einem Schaumlöffel aus dem Fett nehmen und in ein verschließbares Gefäß geben. Das Schmalz durch ein feines Sieb über das Gänsefleisch schütten. Das Fleisch muss mit Fett bedeckt sein. Mehrere Tage gekühlt durchziehen lassen.

Das Gänseconfit schmeckt kalt auf Bauernbrot oder in einer Pfanne kurz gebraten mit Kartoffelpüree und Feldsalat.

- 1 kg Gänsefleisch
- 4 EL Meersalz
- 5 schwarze Pfefferkörner
- 2 Zweige Thymian
- 2 Lorbeerblätter
- 1 kl. Zwiebel, geviertelt
- 2 Liebstöckelblätter
- 1 Knoblauchzehe
- 1,5 kg Gänseschmalz

i *Das übrige Gänseschmalz kann ohne weiteres zum Braten verwendet werden.*

145

Rillettes vom Kaninchen

Das Kaninchenfleisch in kleine Stücke schneiden, mit dem Salz bestreuen, vakuumieren und mindestens zwei Stunden marinieren lassen. Aus dem Beutel nehmen und mit Küchenkrepp trocken tupfen.

Das Schmalz im Sous-vide-Gerät auf 90°C erhitzen. Pfefferkörner, Nelken und Wacholderbeeren andrücken und mit den restlichen Gewürzen und dem Fleisch dazugeben. Vier Stunden garen lassen. Danach in ein Sieb abschütten und Pfefferkörner, Nelken und Wacholderbeeren entfernen.

Das Fleisch in eine Schüssel geben und mit einer Gabel zerdrücken. Die Hälfte des Fettes und den Portwein zugeben und verrühren. Preiselbeeren nur leicht unterheben. In verschließbare Gläser verteilen und mit dem restlichen Fett bedecken.

- 800 g Kaninchenfleisch
- 2 EL Meersalz
- 8 Pfefferkörner
- 2 Nelken
- 4 Wacholderbeeren
- 1 EL Liebstöckelblätter
- 1 Pr. Majoran
- 1 Pr. Rosmarin
- 1 Pr. Knoblauchgranulat
- 1 EL Klare Brühe (Instant)
- 1,2 kg Schweineschmalz
- 2 EL Preiselbeeren
- 2 cl Portwein

RILLETTES VOM SCHWEIN

80 / 180

- 1 kg Schweinenacken
- 3 EL Meersalz
- 2 EL Cognac
- 1/2 TL Pfeffer
- 1/2 TL Majoran
- 1/2 TL Thymian
- 1 EL Liebstöckelblätter
- 1 Knoblauchzehe, fein gehackt
- 2 Schalotten, fein gehackt
- 1,5 kg Schweineschmalz

Den Schweinenacken in Würfel schneiden und zusammen mit dem Salz und dem Cognac in einem Beutel vakuumieren. Über Nacht marinieren lassen. Das Fleisch aus dem Beutel nehmen und mit Küchenpapier trocken tupfen.

Das Schmalz auf 80°C erhitzen und das Fleisch mit den Gewürzen, dem Knoblauch und den Zwiebeln zugeben und drei Stunden garen lassen. Durch ein Sieb abgießen, das Fleisch mit einer Gabel zerdrücken und mit drei Viertel des Fettes vermischen. In verschließbare Gläser verteilen und das übrige Fett darübergießen.

CONFIERTER KNOBLAUCH

Das Öl auf 70°C erhitzen. Die Knoblauchzehen schälen und eine Stunde darin garen. In Gläser mit Schraubverschluss füllen und darauf achten, dass die Zehen völlig mit Öl bedeckt sind.

Der so confierte Knoblauch verliert seine Schärfe und verleiht Gerichten ein feineres Aroma als der frische Knoblauch.

Kühl aufbewahrt, ist dieser Knoblauch mehrere Monate haltbar. Ist er verbraucht, bleibt ein wunderbares Knoblauchöl.

· 4 Knoblauchknollen
· Rapsöl

GARZEITEN UND TEMPERATUREN

Die in diesem Buch aufgeführten Werte sind nicht in Stein gemeißelt. Ihnen liegen Erfahrungswerte zugrunde und vor allem die Vorlieben der Testesser. Wem die Gerichte nach dem Garen noch zu „roh" erscheinen, nicht jeder mag glasigen Fisch und blutige Steaks, sollte die Temperatur um wenige Grade erhöhen. Bei Fleisch sollte Folgendes berücksichtigt werden: Je dicker das Fleisch ist, umso länger sollte es garen.

		Grad C	Zeit min	Seite
Fisch und Schalentiere	Jakobsmuscheln	46	25	30
	King Prawns	56	45	34
	Seeteufel	60	25	56
	Scholle	55	25	52
	Dorade	58	40	55
	Wildlachs	46	25	59
	Seelachs	55	25	63
	Muscheln	80	60	51
	Zander	60	20	60
Fleischgerichte	Gefüllte Minipaprika	60	60	39
	Schweinefilet	58	60	79
	Wild-Terrine	65	600	38
	Markklößchen	80	60	37
	Kalbsbäckchen	65	1080	80
	Schweinekamm	60	2880	76
	Rinderfilet	58	30	84
	Schweinerouladen	58	60	75
	Kohlrouladen	60	210	83
	Lammkeule	65	1200	72
	Sauerbraten	60	300	88
	Tafelspitz	56	360	87
	Rehblatt	68	1440	92
	Rinderzunge	65	600	89
	Ochsenschwanz	85	600	91
	Hirschrücken	60	50	95
Geflügel	Wachteln	65	90	47
	Geflügelleberpastete	65	600	44
	Hähnchenbrust	66	90	67
	Entenbrust	65	40	68
	Putenbrust	75	90	71

		Grad C	Zeit min	Seite
Eierspeisen	Ei im Glas	85	60	43
Gemüse und Beilagen	Tomaten-Antipasti	80	20	40
	Kartoffelpüree	85	100	101
	Chicorée	85	45	104
	Fenchel	85	60	104
	Butterkartoffeln	85	100	99
	Pfifferlinge	85	45	102
	Babymöhrchen	85	50	108
	Auberginen	85	75	106
	Süßkartoffeln	85	45	100
	Blumenkohl	85	60	103
	Zucchini	85	30	109
	Ratatouille	85	60	111
	Semmelknödel	85	60	98
	Kaiserschoten	85	90	105
Obst	Bananen	60	30	115
	Ananas	65	20	116
	Kirschen	55	30	120
	Papaya	70	30	119
	Rhabarber	60	60	121
Fonds	Fischfond	60	120	132
	Geflügelfond	60	120	135
	Gemüsefond	85	240	139
	Rinderfond	60	600	136
	Lammfond	60	600	137
	Wildfond	85	180	138

GLOSSAR

Al dente
Teigwaren und Gemüse kocht man al dente, d. h. bissfest und nicht zu weich.

Angießen
Flüssigkeiten im Topf oder auf dem Teller neben die Lebensmittel gießen, nicht darüber.

Anrichtering
Ringe aus Edelstahl oder Kunststoff, um portionsweise wirkungsvoll anzurichten.

À point
Auf den Punkt gegart bedeutet genau bis zur richtigen Garstufe, z. B. rosa gebratenes Fleisch.

Aspik
Gelee aus würziger Flüssigkeit und Fleisch.

Ausweinen lassen
Gemüse wie Auberginen, Rettich, Radieschen und Gurken enthalten Bitterstoffe. Dem aufgeschnittenen Gemüse kann man den bitteren Saft entziehen, indem man Salz darüberstreut.

Blanchieren

Damit Gemüse seine frische Farbe behält, taucht man es einige Minuten in kochendes Wasser und schreckt es danach sofort mit kaltem Wasser ab. Kohlsorten sollten wegen erhöhter Gasentwicklung vor dem Sous-vide-Garen ebenfalls blanchiert werden. Blanchierte Tomaten lassen sich ganz einfach abziehen.

Blatt
Vorderkeule (oder Schulter) von Wildtieren.

Degraissieren
Fett von Saucen oder Suppen abschöpfen.

Denaturierung
Veränderung von Biomolekülen, wie z. B. Protein, durch Erhitzung. Die Denaturierung bewirkt, dass z. B. Eier beim Braten oder Kochen hart werden oder auch, dass Saucen gerinnen.

Fermentieren
Die Fermentation ist eine Umwandlung organischer Stoffe durch das Einwirken von Enzymen. Die dafür verantwortlichen Mikroorganismen sind Bestandteil der Lebensmittel. Milchsäurebakterien lassen Milch sauer werden, machen aber ebenso aus frisch gehobeltem Weißkohl feinstes Sauerkraut.

Fond
Flüssigkeit, die durch das Kochen von Fleisch, Fisch, Geflügel oder Gemüse entsteht. Der Fond ist Basis für gute Saucen.

Gelatine

Das ist ein geschmacksneutrales Stoffgemisch, das durch Denaturierung des Kollagens im Fleisch entsteht. Die Umwandlung von Kollagen in Gelatine bewirkt die Zartheit des Fleisches.

Glacieren

Glänzend machen.

Jus

Bratensaft oder daraus zubereitete Saucen.

Karamellisieren

Notwendig für den Karamellgeschmack. Zucker langsam erhitzen, bis er flüssig wird und eine goldbraune Farbe hat.

Ketjap Manis

Ketjap Manis ist eine indonesische Würzsauce mit dickflüssiger Konsistenz. Sie schmeckt salzig und hat eine mild-süße Note.

Kollagen

Das Kollagen ist ein in Fleisch vorkommendes Strukturprotein, das sich durch Erhitzen in Gelatine umwandelt.

Kompression

Als Kompression bezeichnet man den Außendruck, der auf ein Lebensmittel im Vakuum einwirkt. Bei Produkten mit vielen Lufteinschlüssen, wie Brot und Kuchen, werden die Produkte beim Vakuumieren in sich zerdrückt. Dieser Effekt ist jedoch bei pflanzlichen Lebensmitteln nutzbar. Die Pflanzenzellen enthalten mit Luft oder Flüssigkeit gefüllte Hohlräume, sogenannte Vakuolen, die durch ein starkes Vakuum aufplatzen und Gemüse und Obst butterzart machen. Dasselbe passiert zwar auch beim Kochen ab ca. 60°C, wobei hier jedoch die Inhaltsstoffe im Kochwasser wegtreiben, wohingegen sie im Vakuumbeutel erhalten bleiben und das Eigenaroma verstärken.

Maillard-Reaktion

Benannt nach dem französischen Naturwissenschaftler Louis Camille Maillard. Die Maillard-Reaktion ist eine komplexe chemische Reaktion, die beim Braten, Rösten, Backen und Frittieren auf der Oberfläche der Lebensmittel ausgelöst wird. Durch die Maillard-Reaktion entstehen die beliebten Röststoffe bei gebratenem Fleisch, kross gebackenen Brötchen, gerösteten Kaffeebohnen etc.

Marinieren

Fleisch, Fisch, Gemüse oder Obst werden in eine gewürzte Flüssigkeit, das kann Wasser, Öl, Fruchtsaft oder Alkohol sein, eingelegt, damit sich die Aromen optimal übertragen.

Nappieren

Speisen mit einer Sauce überziehen.

Noilly Prat

Das ist ein sehr spezieller, exzellenter französischer Wermut mit einer leicht bitteren Note. Bei der Verwendung zum Verfeinern von Fischgerichten oder Saucen ist er nicht durch andere trockene Wermutsorten ersetzbar.

Parüren

Abschnitte von Fleisch, Fisch und Geflügel, die vor der Zubereitung entfernt werden. Sie finden Verwendung bei der Herstellung von Suppen, Saucen und Fonds.

Passieren

Suppen oder Saucen durch ein Sieb streichen, um eine flüssige Masse ohne feste Bestandteile zu erhalten.

Pfeffer, Madagaskar

Dieser Pfeffer wird auch Voatsiperifery-Pfeffer genannt. Er stammt aus Madagaskar. Dieser schwarze Wildpfeffer hat ovale Beeren mit Stilansatz. Die Früchte der Kletterpflanze wachsen erst in einer Höhe ab 10 Metern. Sein Geschmack ist angenehm scharf und sehr aromatisch.

Pfeffer, Szechuan

Auch Zitronenpfeffer genannt. Er stammt ursprünglich aus der chinesischen Provinz Szechuan. Der Pfeffer ist angenehm scharf mit einer deutlichen Zitronennote.

Karkassen

Damit werden Gerippe von Geflügel, Fischen und anderen kleinen Tieren bezeichnet, die nach dem Auslösen des Fleisches übrig bleiben. Sie eignen sich hervorragend zur Herstellung von Fonds.

Kerntemperatur

Die Temperatur im Inneren eines Lebensmittels.

Reduzieren

Darunter versteht man das (mehrmalige) Einkochen von Flüssigkeiten wie Saucen, Suppen oder Brühen, bis sie annähernd verdampft sind und die Konsistenz sich vom Flüssigen zum Cremigen verwandelt hat. Das Ergebnis ist sehr geschmacksintensiv.

Regenerieren

Vorgekochte Gerichte werden vor dem Verzehr erwärmt. Im Gegensatz zum „Aufwärmen" wird das Essen beim Regenerieren bei kontrollierter Temperatur erhitzt, bis die gewünschte Kerntemperatur erreicht ist. Regenerierte Lebensmittel schmecken wie „frisch gekocht".

Reis, Basmati

Basmatireis ist ein aromatischer Langkornreis aus der Region um den Himalaya. Er bleibt nach

Reis, Schwarz

Schwarzer Reis ist ein Naturreis mit schwarzer Schale. Er wird in Japan angebaut und zählt durch seinen nussigen Geschmack zu den exklusivsten Reissorten, was sich auch im Preis niederschlägt.

Textur

Damit wird eine spezielle Gewebestruktur der Lebensmittel bezeichnet.

Tonkabohnen

Das sind die mandelförmigen Samen des Tonkabaumes. Beheimatet in Südamerika, finden die getrockneten Bohnen mit vanilleähnlichem Geschmack Verwendung in vielerlei Gerichten. Sie können entweder abgerieben werden oder (mehrfach) ausgekocht.

Topping

Damit wird die Garnierung von Speisen und Getränken bezeichnet. Oftmals wird das Topping aber nicht nur als „optisches Highlight" verwendet, sondern es steuert ein eigenes, interessantes Aroma bei.

Xanthan

Das ist ein Texturgeber und kommt aus der Molekularküche. Es wird durch die Fermentation von Maisstärke mit einer Bakterienart, wie sie in Kohlgemüse vorkommt, gewonnen. Der Texturgeber besitzt eine hohe Verdickungskraft und hat die beachtliche Eigenschaft, in heterogenen Gemischen kleine Feststoffe wie Fasern und Stückchen als auch Gaspartikel in der Flüssigkeit in Schwebe zu halten. Xanthan ist kalt und warm (max. bis 50°C) löslich und verliert seine Verdickungseigenschaften auch dann nicht, wenn die Zubereitung temperiert wird. Anwendung: Das Xanthan einrühren, bis das Pulver die Feuchtigkeit komplett aufgesogen hat. Man kann es auch mit Wasser oder anderen geschmacksgebenden Flüssigkeiten vorbereiten. *(www.bosfood.de)*

dem Kochen luftig und locker und ist ein perfekter Begleiter zu asiatischen Gerichten. Echter Basmatireis unterliegt dem „Code of practice on Basmati" der indischen und pakistanischen Behörden, der besagt, dass die Reiskörner eine Mindestlänge von 6,5 mm haben müssen und der Reis nicht mehr als 7 % Fremdreis enthalten darf.

Reis, Camargue

Camarguereis hat eine rote Schale, die durch den Anbau auf tonhaltiger Erde entsteht. Das innere Korn ist weiß, weshalb der rote Camarguereis nur ungeschält erhältlich ist. Ursprünglich aus Indien, wird dieser Naturreis in der französischen Camargue angebaut.

ZUBEHÖR

Flaschenhalterung

Verhindert das Umkippen von Flaschen, die im Sous-vide-Wasserbehälter warm gehalten werden, z. B. Espuma-Flaschen von isi.

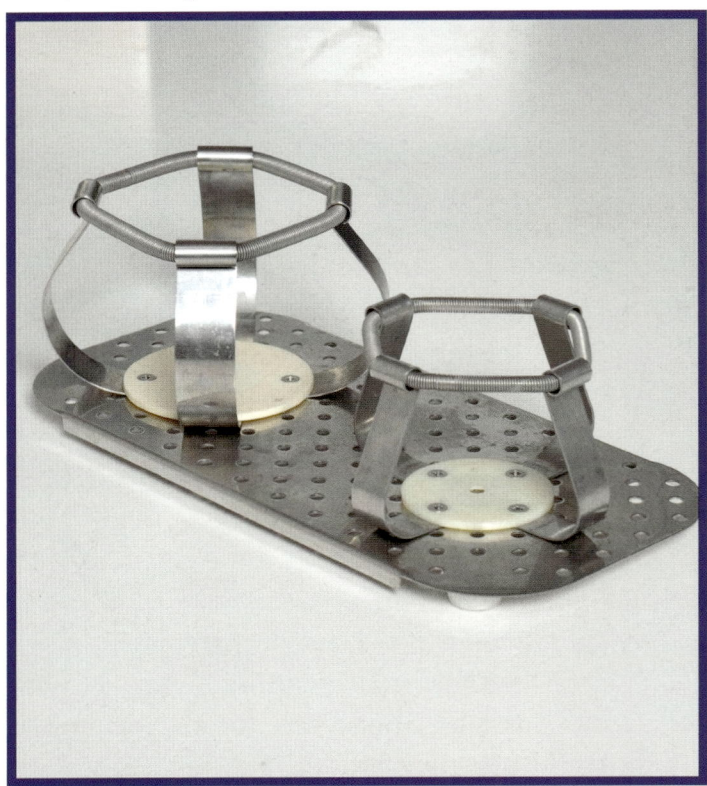

FlüssigkeitsStopp

Ein spezielles Vlies, das vor dem Vakuumieren in den Beutel gelegt wird und verhindert, dass Flüssigkeiten aus dem Beutel gesogen werden. Auch als Knochenschutz zu verwenden.

Kerntemperaturmesser

Zur exakten Kontrolle der Garzeit.

Knochenschutzleinen

Dieses Leinen verhindert, dass scharfkantige Knochen beim Vakuumieren den Beutel durchstoßen.

Lachsbretter

Zum Einfrieren von Rücken mit scharfen Rippenenden sowie Geflügel und Fleisch mit Knochen. Verhindert das Durchstoßen des Beutels.

Spiralschneider

Eine Art Gemüsehobel, mit dem man Endlos-Spaghetti in verschiedenen Stärken schneiden kann. Er eignet sich für Gemüse wie Karotten, Zucchini, Gurken etc.

Trenngitter

Zum Abtrennen des Wasserbades bei mehreren Beuteln.

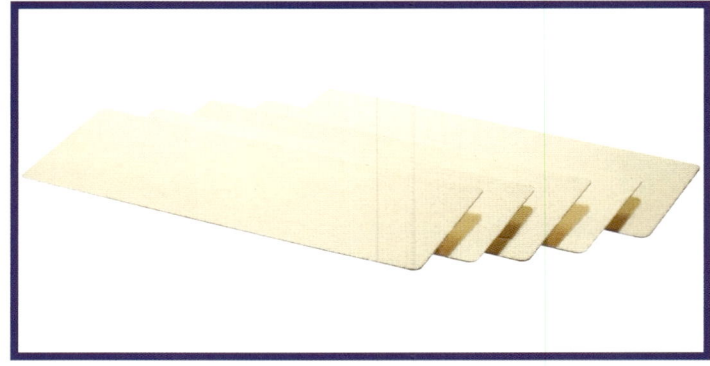

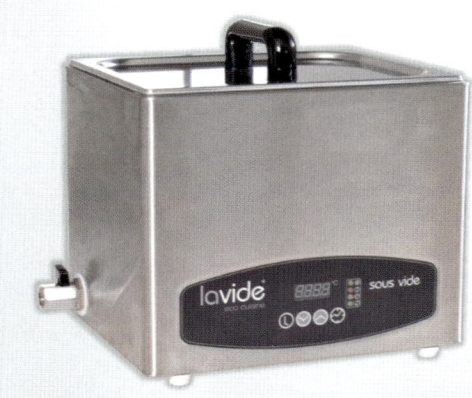

REZEPT-REGISTER

BUCHEMPFEHLUNGEN

MARKUS PLEIN
AMUSE GUEULE

Jetzt halten kleine kulinarische Kunstwerke Einzug in die heimische Küche. Ob zu zweit beim Candle-Light-Dinner oder mit Freunden bei einer
Appetizer-Party: mit Amuse-Gueule-Menüs liegen Sie absolut im Trend.
Amuse Gueules, die kleinen leckeren Häppchen, die ursprünglich in Restaurants der gehobenen Klasse, vor dem eigentlichen Menü gereicht wurden, begeistern nicht nur durch das Geschmackserlebnis, sondern durch
ihre kunstvolle Dekoration. Faszinieren Sie jetzt Ihre Gäste mit dieser neu
entdeckten Feinschmecker-Variante. Markus Plein hat eine Auswahl seiner besten Rezepte zusammengestellt und präsentiert die ausgefallens-
ten Kreationen – mit einfachen Mitteln und leicht in der Zubereitung.
Das Werk beinhaltet außer Kochrezepten mit Menüvorschlägen auch Pra-
xistipps, Ideen für Motto-Diners und Tischdekorationen. Großer Service-
teil. Hardcover, 144 Seiten, zahlr. Abb., Format: 20 x 26 cm.

ISBN 978-3-7888-1260-7
PREIS: 29,95 EURO

Rainer Holzhauer
Zugegriffen, liebe Freunde!

Sieben Menüs – mit sieben Gängen – an sieben Orten. Allein die Präsentation der Gerichte könnte aus einem Märchenbuch der Brüder Grimm stammen – ebenso der Geschmack. Rainer Holzhauer gilt vielen als der Star-Koch der Eventgastronomie. So einfach seine Speisen sind – sie haben alle das gewisse Etwas. Dieses Buch ist kein Kochbuch im herkömmlichen Sinne, sondern vielmehr ein Feuerwerk von Ideen – die aber durchgängig nachkochbar bleiben – egal ob als einzelne Speise oder als komplettes Menü. Heiner Boehncke hat die teils märchenhaften Orte, an denen Holzhauer seine Gerichte präsentiert – von der urigen Bauernkneipe bis zum Menü im Eisenbahnwaggon literarisch in Szene gesetzt, während der Finne Paavo Blåfield die Fotos lieferte. Einzigartig sind auch die Illustrationen und Kalligraphien von Ali Schindehütte, dem bekannten Märchen-Künstler aus Hamburg, der mit seinen Kunstwerken selbst einem Buch der Brüder Grimm entsprungen sein könnte. Hardcover, 112 Seiten, zahlr. Abb., Format: 20 x 26 cm.

ISBN 978-3-7888-1156-3
PREIS: 29,95 EURO

Stefan Krebs
Märchenhafte Sternstunden

Ein romantisches Menü für zwei birgt mehr als den kulinarischen Genuss! Erotisierende Gewürzmischungen, Frühstück im Bett oder ein Herzkuchen im richtigen Moment sorgen für Schmetterlinge im Bauch. Mit frischen Zutaten und einer innovativen Zubereitung sind solche Sternstunden kein kompliziertes Hexenwerk, sondern können von modernen Prinzessinnen und Prinzen selbst auf den Tisch gezaubert werden. Mit 24 jahreszeitlich abgestimmten Gerichten gibt der Autor Wow-Effekte aus seiner langjährigen Küchenpraxis preis, die Lust am gemeinsamen Kochen wecken und zeigen, dass diese sinnliche Zeremonie einer Beziehung neue Impulse geben kann. Hardcover, 128 Seiten, Format: 22,6 x 31 cm.

ISBN 978-3-86738-055-3
PREIS: 29,95 EURO